富山の逆襲

すごいぞ！　富山を大きな声で

鷲塚飛男

言視舎

はじめに

▼遠きにありて

生まれも育ちも富山県です。大学から東京へ出て、その後モノを書く仕事をしながらいろいろな場所に移り住み、40年のほとんどを県外で暮らしてきました。現在は東京都在住です。故郷への感情はみなさんそうだと思いますが、ちょっと複雑です。かつては反発したり、嫌だったりすることもありました。ベタな引用ですが、室生犀星の「ふるさとは遠きにありておもふもの」と同じ、愛憎相半ばした感じです。

そうやって「遠きにありて」富山を思ってきたのですが、時間が経つと故郷を客観的に見ることができるようになってきました。あちらこちらに住んでみて、比較する物差しが増え、多角的に評価できるようになりました。そして今、実感するのは富山が暮らしの場として相当レベルが高いということです。

県外から見ると、富山は良い意味でも悪い意味でも地味で目立たない存在です。よくニュースになる幸福度調査で、富山は常に上位にランクされていますが、具体的にどんなところがいいのかは伝わっていません。北陸新幹線開通以来、東京で発信される情報量は多少増えましたが、まだまだ少ない。理由の一つに富山県人がアピール下手なことがあるでしょうし、富山県人自身が良さに気付いていないところもあると思います。もっと富山を知ってもらいたいし、もっと知らせるべきです。

故郷を離れた人間が出しゃばるのは、はばかられますし、前に出るのが苦手な富山県人気質ではありますが、この際**「すごいぞ富山！」**と声を大にして応援したいと思います。主観を交えて「私の富山」の魅力を語っていきます。多少の独断と偏見はお許しを。

▼県外あるある

富山で普通だと思っていたことも、よそでは違う——。県外に出てみて、あらためて実感したことがたくさんあります。私の場合、18歳で初めて東京に行き、まず思ったのは人がめちゃくちゃ多いなあということ。これは地方出身者なら誰でもそうでしょう。同時に、どこを見渡しても山が見えないということに違和感を持ちました。3000メートル級の立山連峰のやまなみが書き割りのように空に張り付いている景色が当たり前の環境で育ったので、関東平野はあまりに平たんすぎました。街を歩いても、山が見えないので方角がつかめません。さらに大阪や京都のように碁盤目状に道路が区画されていないため、迷いやすくなっています。初心者に東京の街歩きは難易度が高いです。山とは関係ないのですが、ターミナル駅は最もやっかいでした。新宿駅や渋谷駅で、行きたい場所にたどり着くことはまれ。地下鉄の銀座線が地上3階から出発する。そんなこと想像もできませんでした。

そして、生活してみてまず感じたのは、水道の蛇口をひねったときに、水が「細い、ぬるい、まずい」ということでした。富山では水量が多く、冷たくておいしいのが当たり前だったので、よく覚えています。

またマンション住まいの家庭が多いことも大きな違いでした。持ち家率全国1位の富山では住まいは一戸建てが普通です。アパートに住んでいる家庭はありましたが、マンションに住む家庭は一軒も知らず、イメージがありませんでした。英語の授業でmansionの意味は「大邸宅」と習っていたので、よけいに正体が分からなかったというのもあります。

授業で思い出しましたが、富山では国語の授業で、平仮名の「を」のことを「小さい〝お〟」と呼ぶよう教えていました。口頭で「お」と「を」と区別するためだと思われます。三つ子の魂百までと言いましょうか、それは体に染みついていて、しかも全国共通の表現だと大人になってもずっと思い込んでいました。数年前、後輩の書いたものを見ながら「ここは『を』だろ、『小さいお』だよ」と言ったらきょとんとしています。「小学校で習わなかった?」と嫌みっぽく言ったら「いいえ、全く」の返事。周りの人に聞いてみても「知らない、何のこと?」と初耳の様子でした。まさかと思い、同世代の富山出身者に電話してみると「もちろん『小さいお』でしょ。えっ、全国共通じゃないの」と驚いていました。どうやら、かつて長年にわたり、富山県の学校だけで教えられていた言い方なのでした。その前提、先に教えておいてほしかった。何十年も気がつきませんでした。後輩に偉そうに言った分、恥ずかしかったです。

さて、東京に出てくると、「出身はどちら?」と聞かれることが本当によくあります。**「富山です」と答えると、「?」と一拍おいて「ああ、富山ね」と返されることが多い**ことに気付きます。この一拍には二つの理由があります。まず一つは、単純に富山がどこなのかよく分かっていないからです。頭の中の地図で場所を探しても出てこない感じです。東京で育った人は日本の地理を知らない人があまりに多い。それこそ小学校で教えていないんじゃないかと疑ってしまいます。全国どこも似たり寄ったりだと言われるかもしれませんが、東京は特にひどいと思います。地方への関心のなさの表れでもあります。

昔から俗に美人の産地と呼ばれている地域は、１県おきに位置しています。例えば日本海側なら秋田美人に始まって、新潟、金沢（石川）、京都という並び。山形、富山、福井が飛ばされていますが、知名度もこれと似た優劣があるようです。飛ばされがちな県というのは大抵決まっています。特に富山と福井は同じ北陸地方でもあり、飛ばされやすく、かつ混同されやすいようです。実際、似ているところが多いので、福井と間違えられると、つい「おしい！」と言ってしまいます。

もう一つ、相手に一拍おかれる理由はイントネーションです。「出身はどちら?」「とやまです」「?　ああ、**と**やまね」。富山弁は「とやま」を平板なイントネーションで言います。気持ちだけ「と」より「やま」の方が強くはっきりとした感じ。地名の「渋谷（しぶや）」を言うときのイメージです。それに対して標準語というか、東京でも大阪でも「**と**やま」は「と」にアクセントが来て、「やま」は弱くなります。渋谷陽一さんとか人名の「渋谷（**し**ぶや）」を言うときのイメージです。

とはいえ、富山県人が標準語に慣れるのに、東北や北関東の出身者に比べてそんなに苦労はないと思います。なじむのは早いほうです。西日本の出身者は、方言を織りまぜて話しても気にしませんし、特に関西人は関西弁で押し通す人がけっこういます。富山県人は、富山弁がマイナー方言であるのを自覚していますし、性分が奥ゆかしいからでしょう、すぐ標準語に切り替える人が多いです。東京に来て間もない人以外で、同郷のにおいをかぎ分けるのはなかなか難しいです。

かつて新幹線も通っていないころ、東京からＪＲ（国鉄）で長時間かけて帰省し、富山駅に電車が到着すると、「とやま～、とやま～」というあの懐かしいイントネーションのアナウンスがプラットホームに響き渡りました。富山に帰ってきたなあと実感する瞬間でした。

▼なぜ目立たないの？

富山県が地味だ、目立たないというのは、残念ながら衆目の一致するところです。しかし、それにはいろいろな理由があります。富山県民は自己主張が苦手でＰＲ下手だからとか、大きな災害や事件が少なく全国ニュースに出てこないからだとか、諸説ありますが、ここでは基本的な地理条件を取り上げたいと思います。

まず、**富山が東京、大阪、名古屋の大都市から等しく遠い**ということが挙げられます。東京駅―富山駅間は直線距離で約２５６キロ、北アルプスが立ちはだかるので鉄道の営業距離は大きく回り道して３９２キロになります。同じく鉄道で大阪駅までは３２６キロ、名古屋駅までは256キロです。営業距離でいちばん近い名古屋駅は高山線が山間部をゆっくり越えるため特急で約3時間50分と最も所要時間がかかります（新幹線のおかげで東京駅は約2時間10分、一方大阪駅は約3時間です）。

大都市から遠いため、昔はお互い情報もなかなか届きませんでした。物理的、情報的な遠さは心理的な遠さとなり、大都市にとって、なじみの薄い場所、目立たない県となったのも仕方ないところがあります。

さらに県の東側にぐるりと北アルプス（飛騨山脈）の立山連峰がそびえ立ち、南側には飛騨山地が続いています。県の周りを屏風で囲われたような形状になっていて、この屏風がいろんなものを遮断し、外から見えなくしているイメージがあります。台風も屏風にはね返されて、それていくかのようだし、逆に屏風があるから大雪も降るのですが……。1963年（昭和38年）の通称三八豪雪では、最深積雪が富山市で186センチ、高岡市で225センチを記録し、鉄道、道路が寸断され流通が完全にストップしました。そのときの新聞記事に「日本のチベット」という見出しが躍っているのを古い記録で見た覚えがあります。海がある時点でチベットとは全く違うんですけどね。もちろん大雪で孤立したことの例えでしょうが、ベースには富山に秘境っぽいイメージがあったからではないでしょうか。

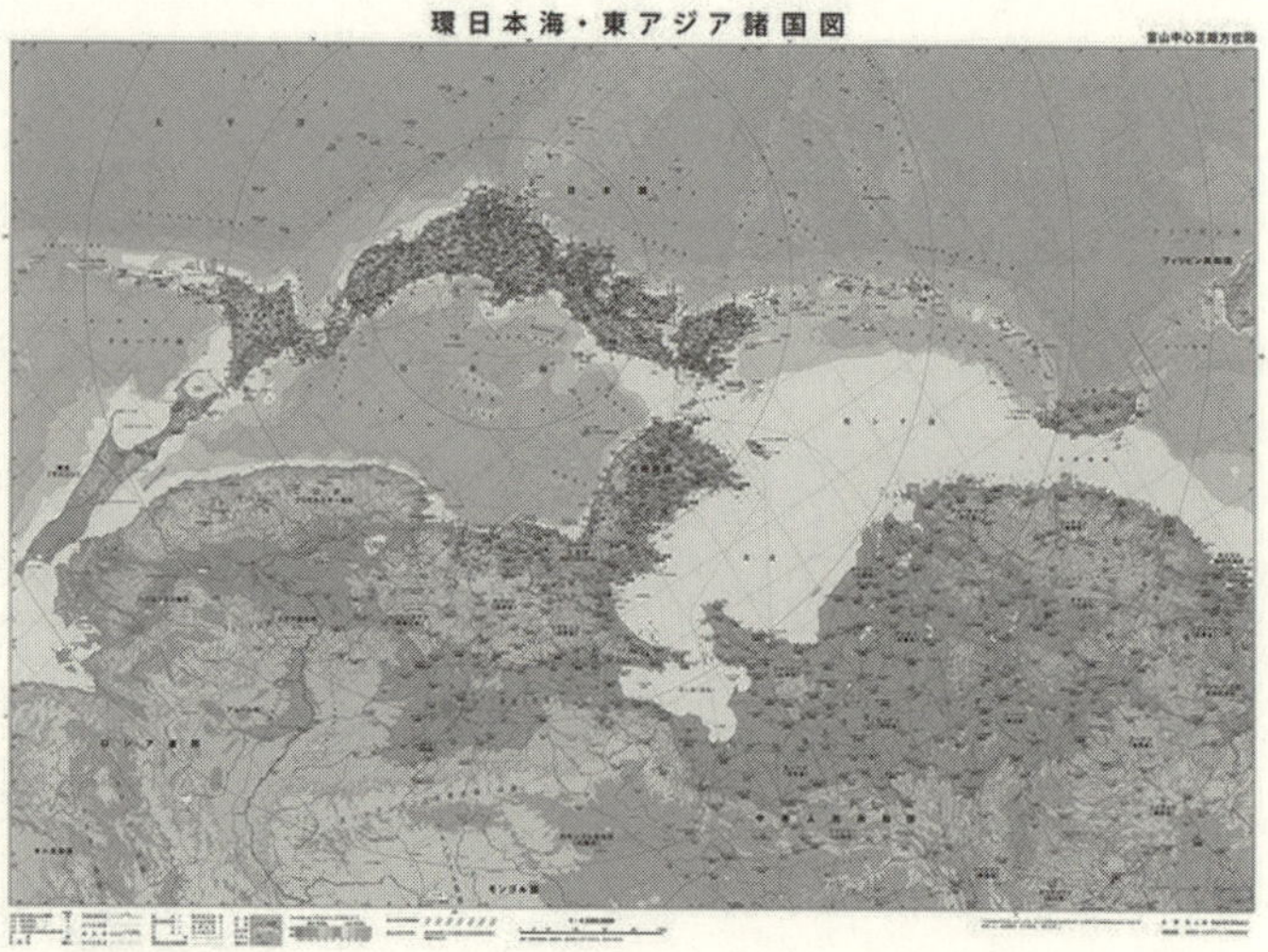

この地図は富山県が作成した地図（の一部）を転載したものである。
（平 24 情使第 238 号）

ここに面白い地図があります。94年に富山県が国土地理院の承認を得て初版を発行した通称「逆さ地図」、正式名称は「**環日本海・東アジア諸国図**」です（1部300円で販売もしています）。

南北の上下を逆さまにして、日本海を中心に日本列島と朝鮮半島、台湾、中国、ロシアの一部を載せた地図です。この逆さ地図を見ていると、富山県人ならずともさまざまな発想が湧いてくるのではないでしょうか。日本海は内海というかまるで湖のようです。それぞれが海によって隔てられているのではなく、海でつながっているように見えます。各国がいかに近いか、かつて影響を与え合ってきたかが実感できます。

しかし現代の国際情勢を考えたとき、日本列島はこの内海にそっぽを向けているように見えるでしょう。もし違う歴史を重ねて、別の国際情勢の現代があったとしたなら、日本列島がこの海を抱きかかえているように見えたかもしれません。そうなれば、表日本、裏日本という今は使わない言葉がありますが、日本海側が表になっていたことでしょう。

この地図には富山県庁を中心とした同心円がいくつも描かれています。というのも日本全体を平面に例えたとき、バランスが取れる重心の位置が、富山県の沖合にくるからだそうです。日本のへそを標榜する自治体はいくつもありますが、これなら富山も堂々と名乗りを上げていいと思います。

もし首都を東京から移転するなら、最も適した移転先は富山県ではないでしょうか。大都市から平等に遠いので、どこからも文句の出ないフェアな選択と言えるでしょう。遅々として進まない政府機関の地方移転も一気に解決します。

そして、へそ。世界のへそ、世界の中心と言われるオーストラリアの世界遺産エアーズロックにあやかって「日本のエアーズロック」を名乗るのもいいですね。聖地です。日本中を泣かせた映画「世界の中心で、愛をさけぶ」のラストシーンもエアーズロックでした。「日本の中心で、富山愛を叫ぶ」というのはどうでしょう。

もはやアイデアというより妄想になってきました。やはり富山県人らしく、愛は控えめに語りたいと思います。

❖はじめに…………12

富山の逆襲　目次

はじめに　3
▼遠きにありて　▼県外あるある　▼なぜ目立たないの？

第1章　富山ってどんなところ？　17
1　ランキングで見てみれば～数字・統計で見る富山県の実力　17
▼持ち家比率・専用住宅延面積　▼勤労世帯の実収入・貯蓄額　▼産業別就業割合　▼火災発生件数
▼幸福度ランキング
2　歴史と風土を駆け足で　24
▼風土　▼歴史
3　宿敵・金沢の話　39
4　富山県出身です　44
▼ひとがやらないことをやった人　▼教育県　▼実業家・官僚　▼スポーツ・文化・芸能人

第2章　富山の暮らしと文化　61

1 東日本or西日本 61
▼食文化 ▼テレビ番組
2 方言 69
▼「〜られ」「〜け」「〜ちゃ」
3 食の王国 76
▼海の幸 ▼ます寿司 ▼昆布とかまぼこ ▼富山ブラック ▼もち
4 名作の舞台 90
▼文学 ▼映画
5 富山市今昔・ルポ 105

第3章 逆襲は始まっている 112

1 コンパクトシティへの挑戦 113
▼評価される都市機能の集中 ▼これからの課題
2 先用後利〜薬売り 124
▼薬売りの影響力 ▼製薬業のいま
3 富山湾は不思議の海 133
4 立山信仰 141

5 水の恵み 150
▼山岳信仰 ▼砂防の歴史 ▼普遍の自然環境
▼名水 ▼エネルギー

6 オンリーワンな企業 156
▼内外製薬 ▼ショウワノート ▼光岡自動車 ▼P．A．WORKS（ピーエーワークス）
▼YKKグループ

7 ものづくり 166
▼高岡・小ルポ ▼高岡銅器 ▼井波彫刻

8 ユニークな町おこし 175
▼全日本チンドンコンクール（富山市） ▼高岡コロッケ（高岡市） ▼宇奈月の月（黒部市）
▼メルヘン建築（小矢部市） ▼八百羅漢（富山市） ▼尖山（立山町）

9 芸能・アートで世界と結ぶ 187
▼演劇 ▼音楽 ▼アート

10 富山型デイサービス 196

おしまいに 199
▼負の歴史 ▼PR上手に ▼鏡に映った日本 ▼多様性を

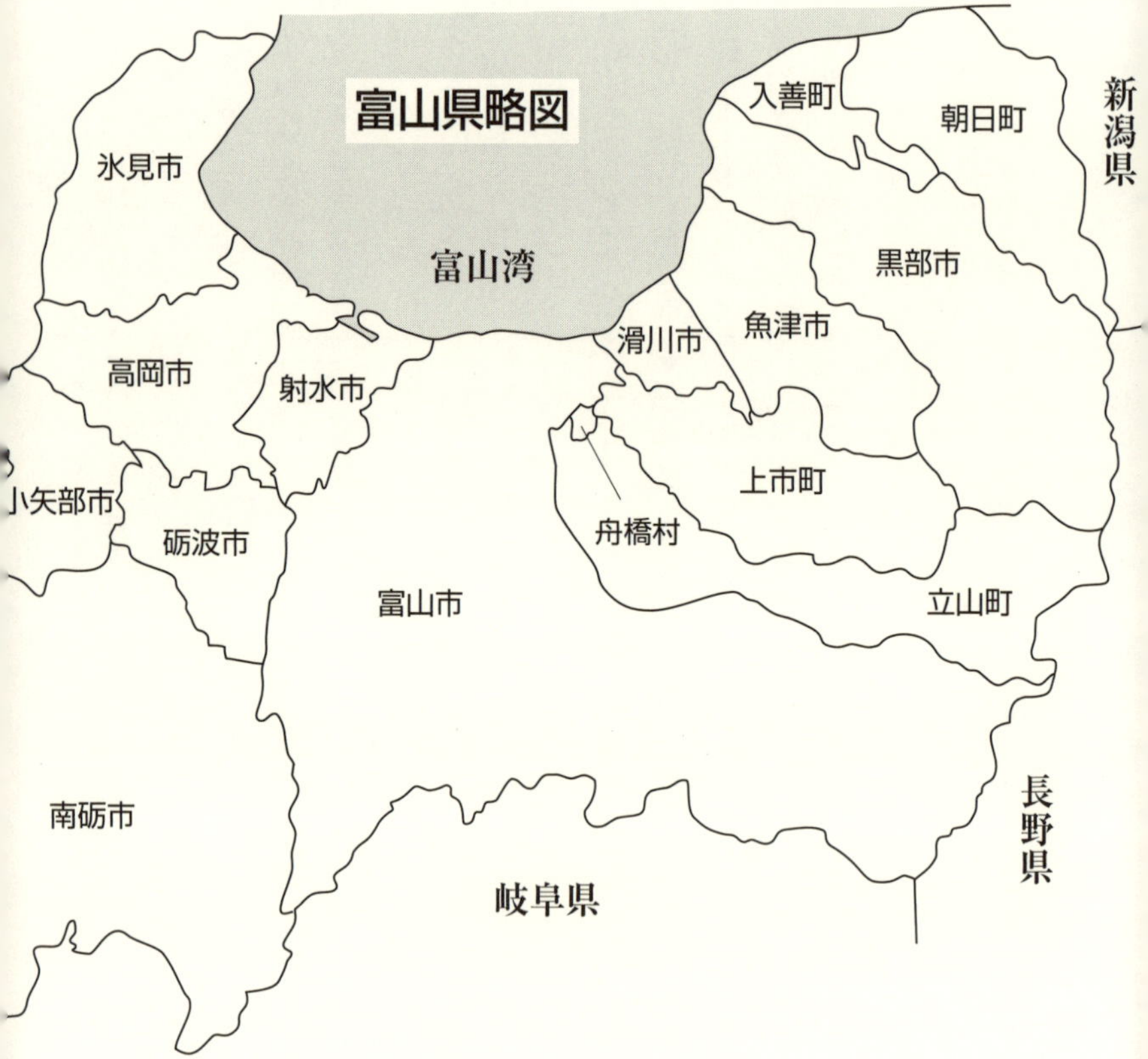
富山県略図
富山湾
氷見市
高岡市
射水市
小矢部市
砺波市
南砺市
富山市
滑川市
舟橋村
上市町
魚津市
黒部市
入善町
朝日町
立山町
新潟県
長野県
岐阜県

第1章　富山ってどんなところ？

1　ランキングで見てみれば～数字・統計で見る富山県の実力

まずは分かりやすく数字で富山県を見てみましょう。都道府県別ランキングで富山県の特徴が浮かび上がってきます（数字は富山県のとやま統計ワールドより）。

▼持ち家比率・専用住宅延面積

これはかなり知られたデータではないでしょうか。富山県の持ち家率は78・1％で全国1

位。以下、秋田県、福井県、山形県、新潟県と日本海側が上位を独占しています。住宅の広さも富山県は1住宅当たり150・1㎡と1位です。土地が広く、地価が安いというのも理由でしょうが、富山県の人口密度は25位、基準地価も28位あたりでいずれも中位にいますし、面積最大の北海道の住宅の広さが38位なのを見ると、それだけが理由ではなさそうです。

富山県では若いうちから家を持つ人が多くいます。昔から家を持って一人前という考えが強くあります。貯蓄額が多い、共働きが多いという特徴も経済的に持ち家率を押し上げていると言えます。また仏壇が豪華で大きい、欄間や床の間などを備えた和室の大広間を好む、といった伝統的な習慣が住宅の広さにつながったのではないかと思われます。

▼勤労者世帯の実収入・貯蓄額

持ち家率を押し上げている**経済的豊かさを実証するデータ**です。勤労者世帯1世帯当たりの実収入は1カ月約63万円で全国2位です。1世帯当たりの貯蓄額は1416万円で全国5位。びっくりするほど豊かです。持ち家率も上位で特徴がよく似ている福井県と比較すると、その中身の違いが分かります。福井県は貯蓄額が全国1位なのですが、実収入は20位と大きな差があります。1世帯当たりの消費支出額を見ると、富山県が12位に対し、福井県は35位。

富山県人はそんなに節約しなくても貯蓄する余裕があるということになります。生活保護を受けている世帯数も断トツで全国最少ですので、**貧富の差も比較的少ない**と言えます。

また富山県の1人当たりの県民所得は年約316万円で全国7位です。1世帯当たりの実収入が2位ですから、これは1世帯の働き手が多いことを示しています。その要因はまず二世代同居が多いこと。1世帯当たりの人数は2・66人で全国4位です。次に女性の働き手が多いこと。女性就業率は49・9%で7位になります。ついでに離婚率も全国最低クラスです。親子、夫婦みんなで働いて稼ぎ、適度に消費しつつ、大きな家を建てて住む、という県民の平均的な家庭像が浮かんできます。

▼産業別就業者割合

では富山県民はどんな仕事で稼いでいるのでしょうか。産業別の就業割合を見ると、第2次産業の就業者割合は33・35%で全国1位となっています。第1次産業が3・46%で33位、第3次産業は61・17%で36位ですから、やはり**工業に大きな特徴があるものづくりの県**だと言えます。

まずは江戸時代の売薬業からの伝統を持つ医薬品の製造。2015年の富山県の医薬品生

となみチューリップフェア

産額は約７３２５億円で埼玉県を抑え、初めて全国１位となりました。全国シェアは約11％に上ります。戦前から始まったアルミ産業も有力です。アルミサッシ・ドアの出荷額は全国１位。三共立山などアルミ業界大手があります。黒部市に生産本拠を置くＹＫＫグループもアルミ大手。ファスナーのシェアは世界一です。こうした得意分野が、富山県を豊かにしています。

一方、農業の特徴は水田の割合が高いことです。耕地面積の96％は水田で水田率が全国１位。農業経営体数は38位と少なく、逆に１経営体当たりの耕地面積は5位と広い。兼業農家比率は83・8％で2位と高くなっています。農業産出額は５８１億円で40位と少ないほうですから、コメの大規模な生産はあるものの、ブランド力のある高付加価値の作物の生産はまだ少ないと見ることができます。全国1位の出荷量がある農作物は、種籾やチューリップの球根です。種籾は稲の元になる良質の種で、全国の受託生産の約6割を占め、40以上の都府県に出荷されています。富山のコメが全国で栽培されているということになります。またチューリップは富山県の花です。砺波市を中心に栽培されており、毎年ゴールデンウィーク中に砺波市で開かれる「となみチューリップフェア」では、700種、300万本のチューリップが咲き乱れます。これは必見です。

▼火災発生件数

出火件数を人口1万人当たりで換算した火災率は1・74で47位、全国最低の数字です。刑法犯認知件数は人口1万人当たり57・3件で36位。また2015年の有感地震回数は3回で36位。同年の自然災害被害額は約5億8300万円で40位です。こうしてみると人災も天災も少なく、安全な県であることが分かります。これはかなり有力なセールスポイントです。ただし、天災に関しては完全な予測は不可能ですので、油断だけは禁物です。備えは忘れてはいけません。

安全面で悪い数字が出ているのは交通事故です。人口10万人当たりの交通事故死者数は6・

56人で全国ワースト2位。交通事故の発生率は27位ですので、事故の死亡率が高いということになります。富山県の一世帯当たりの自家用車保有台数は1・71台で福井県に次いで全国2位ですし、道路整備率は1位で、富山県は完全に車社会です。自動車があれば便利ですが、逆にないと生活できない。だから高齢者の運転も多くなります。交通事故死者数の割合の多さは、車社会の負の側面です。

▼幸福度ランキング

これらのさまざまなデータを指標に、総合的な〝幸福度〟としてランキングする幸福度ランキングというものがあります。２０１１年に法政大学が40の指標を基に都道府県別の幸福度ランキングを発表しています。それによると、1位は福井県、2位が富山県、3位が石川県で、北陸3県がそのままベストスリーを占めました。

また日本総合研究所編の「全47都道府県幸福度ランキング２０１６年度版」は、「健康」「文化」「仕事」「生活」「教育」の5つの分野を含む65の指標でランキングしており、1位は福井県、2位が東京都、3位に富山県が入っています。

豊かさや安全など各データから各県の特徴は浮かび上がります。ある程度、住みやすさの裏付けになると思いますが、それらが幸福度に直結するかといえば、そう言い切れないところがあります。前提として、幸福の感じ方は、主観的で相対的なものだからです。富山県が幸福度ランキング上位の常連であることは誇らしいですが、そこに身が入っているかどうかが問題です。

2　風土と歴史を駆け足で

▼風土

では富山県が具体的にどんなところなのか。富山初心者のために、概略を駆け足で紹介しておきたいと思います。まずは地理の時間です。

富山県は、東が新潟、長野、西は石川、南は岐阜の各県に隣接しています。形状は四国やオーストラリア大陸にちょっと似ていて、羽を広げたチョウチョのような形。面積は約4248平方キロで47都道府県中33位の小振りな県です。34位が福井、35位が石川で、北陸3県はほぼ同じ大きさで並んでいます。コンパクトな形状なので、県の中心から東西南のいずれの方向も自動車で1時間ほど行けば、県外に出られます。人口は約107万人で全国37位と少なめですが、人口密度は25位と中位にあります。

県内の市町村数はわずかに15で全国最少。総務省の意向に忠実な優等生だからなのか、もともと35と少なかったのに、平成の大合併で15まで減ってしまいました。市は10。難読の市も多いので、人口順に列挙してみると①富山市②高岡（たかおか）市③射水（いみず）市④南砺（なんと）市⑤氷見（ひみ）市⑥砺波（となみ）市⑦魚津（うおづ）市⑧黒部（くろべ）市⑨滑川（なめりかわ）市⑩小矢部（おやべ）市——です。氷見市、滑川市は難読です。南砺市と射水市は合併して新しくできた市になります。

町は4。①立山町②入善町③上市町④朝日町——。村は舟橋村だけです。すべて県東部に位置しています。

県の東側は日本百名山である立山、剱岳、薬師岳を含む3000メートル級の立山連峰がそびえています。さらに南側に飛騨山地、南西側は加越山地があり、名前の通り山に富んだ県です。しかし、最大の特徴は、この3000メートルの高さから急激に平野部となり富山湾の深海1000メートルに至る約4000メートルもの高低差にあります。高山植物から深海魚までが県内に存在するという多様な自然です。しかも開発されていない**手つかずの自然の割合を示す植生自然度調査**では、富山県は北海道、沖縄県に続く3位となっています。これは大きな魅力です。

山が多いため、必然的に山地を水源として川も多くなります。富山では主な川を七大河川と学校で教えていますが、水系で言えば1級水系の黒部川、常願寺川、神通川、庄川、小矢部川と2級水系の早月川、片貝川の7つ。小さい県に1級水系が5つというのは、全国でも北海道を除いて最多クラスです。しかも、これらの川は高低差が大きく水量も多いため急流となって大量の土砂を運び、長い年月をかけて耕作に適した沖積平野をいくつもつくり出しました。散居村などに代表される田園風景が多く見られるのも、川のおかげと言えるでしょう。一方で洪水など水害との闘いの歴史も生んできましたが、水力発電を含めて、**水の恵み**は富山を語る上で欠かせないポイントです。

天候は、夏は暑く冬は寒い。こう書くと良いところがないみたいですが、四季がはっきりした日本らしい気候と言えます。夏の暑さはフェーン現象などによるもので、これも山脈があるからです。過去最高気温は、1994年8月に富山市で39・5度、高岡市伏木で39・7度の記録が残っています。東京や大阪の大都市もヒートアイランド現象などがあって蒸し暑いですが、体感的にはいい勝負だと思います。

そして冬は雪。**県全域が豪雪地帯**に指定されています。確かに山間部の積雪はすごいのですが、平野部はそこまで多くありません。近年は温暖化の影響か、積雪量が減っているようです。富山気象台の記録では、富山市の最深積雪は1986年(昭和61年)の117センチ以降、1度も100センチを超えておらず、2017年は39センチでした。1963年(昭和38年）の三八豪雪では186センチ、81年（昭和56年）の五六豪雪は160センチですから、かなり少なくなっています。

雪と言えば、生活していて大変なのが、屋根の雪下ろしや玄関前の道路などの除雪です。北陸の雪は水分が多くて重いので重労働です。スコップで掘り起こし、スノーダンプで運んで川に捨てるのですが、腰を痛める人も少なくありません。近年は積雪が少ない上、除雪車や融雪装置の発達で、昔に比べて負担は減ってきています。

夜、雪がしんしんと降り積もると、音が雪に吸収されるので独特の静けさがあります。朝カーテンを開けると案の定、真っ白な雪景色が目に入ってきます。道なき道を泳ぐように雪をかき分け通学することもありました。雪道で鍛えられるのは、ツルツルでも転ばない歩き方です。首都圏などでたまに積雪があると、通勤途中に転倒してけがをする人がたくさんいますが、雪国育ちはまず転びません。重心の低い滑らない歩き方を体で覚えているからです。革靴やヒールでもおおむね平気だと思います。

雪ばかりクローズアップしてきましたが、**冬は雨や曇りが多い**のが特徴です。快晴の日がほとんどありません。気象庁のデータで2015年の富山市の年間日照時間は1716時間と都道府県別で43位でした。年間降水量は2141ミリで10位です。

呉羽山より立山連峰を望む

富山市松川雪景色

❖第１章　富山ってどんなところ？…………28

紫外線の少なさと湿度の高さのおかげでしょうか、化粧品会社ポーラが女性の美肌を調査した「ニッポン美肌県グランプリ２０１７」で富山県が全国1位となりました。

冬はどんよりした雲が垂れ込め天気がコロコロ変わりやすいので、出掛けるときは傘を持って出ます。長靴姿も普通です。中学のとき社会科の先生は英国紳士になぞらえたのか「富山は日本のロンドンだ」と言っていましたが、うなずく生徒は一人もいませんでした。さすがにロンドンは違うだろうと。ちなみに冬の星座の代表にオリオン座がありますが、私がオリオン座をはっきり認識できたのは東京に出てからのことでした。それほど曇天が多いということです。

ですから私の中で、富山の冬は灰色のイメージです。街は雲の色が映っているようにモノトーンに見えました。よく冗談で、色彩センスがないのは冬のせいだ、猫背になったのは雲が低くて下ばかり向いていたからだと、天候のせいにしてきました。でも、逆にあの鈍色の風景が、子どもの頃いろいろな想像力や空想力を与えてくれていた気がします。長い冬が、富山県人の気質に少なからず影響を与えているのは間違いないのではないでしょうか。

▼歴史

次は歴史の時間です。と言っても専門的なことを語る知識も紙幅もないので、ここは特徴的だと思う時代と出来事をピックアップしていきます。

弥生時代〜古墳時代

富山市郊外にある杉谷4号墳は古墳時代初期の3世紀ごろに造られた古墳で、四隅突出墳と呼ばれる特殊な形状をしています。これは出雲の政治勢力があった山陰地方特有の形状で、山陰以外では富山など北陸地方にしか見つかっていません。また富山県には牛岳に出雲の大国主命《おおくにぬしのみこと》が牛に乗ってやって来た伝説や、越中の姉倉姫と能登の能登姫の間で戦いが起きたとき仲裁に入ったのが大国主命だったという伝説が残っています。出雲（山陰）と越（北陸）には、日本海を通ってダイレクトに人の往来があり、深い交流を結んでいたと推測されています。この古墳の存在は、近年「日本海文化圏」という新たな考え方を生む原点の一つとなりました。

奈良時代

古代と言えば、日本最古の歌集である万葉集の編纂にかかわったとされる歌人大伴家持《おおとものやかもち》でしょう。北陸一帯は越（古志）の国と呼ばれていましたが、8世紀初めまでに越前、越中、越後に分割され、今の富山県の範囲は越中国となりました。新川（にいかわ）郡、婦負（ねい）郡、射水（いみず）郡、礪波（となみ）郡など現在でもある地名がそのころ既に存在していたそうです。難しい読み方の地名が多いのも、古くから開かれた土地だからと言えます。

県庁に当たる国府は現在の高岡市伏木に置かれていました。そこに746年（天平18年）、平城京から知事に当たる国守として赴任してきたのが家持でした。在任期間は5年ほどでしたが、その間家持は越中の景勝や自然を題材に多数の歌を作りました。万葉集の全歌4516首のうち家持の歌は473首と約1割もあります。そのうち越中時代に詠んだ歌が223首と半分近くを占めています。また越中の地に伝わる歌なども多く万葉集に収められています。家持が歌った景勝地の二上山（ふたがみやま）、立山（たちやま、現在のたてやま）、射水川（いみずがわ、現在の小矢部川）、渋谿（しぶたに、現在の雨晴海岸）などは、都では憧れの地として歌枕となり、後世、多くの歌人たちに詠まれました。

近年、高岡市は「万葉のふるさと」のキャッチフレーズで観光に力を入れています。

1990年に日本初の万葉集の専門施設「高岡市万葉歴史館」が開館。市内には約90の歌碑があります。毎年10月は万葉集20巻の朗唱をメーンイベントとする「高岡万葉まつり」が開催されます。8月には高校生短歌日本一を決める「高校生万葉短歌バトル」もあります。特に2017年は大伴家持の数えで生誕1300年を記念したさまざまなイベントが開かれました。最近は俳句ブームと言われますが、歴史ある短歌も一緒に盛り上がっていってほしいものです。

江戸時代

時代とともに支配者が変わっていった越中富山ですが、江戸時代以降は加賀百万石の加賀藩にのみ込まれてしまいます。前田利家はNHK大河ドラマ「利家とまつ」や漫画「花の慶次」などでなじみがあるでしょうか。織田信長の家臣だった利家は、豊臣秀吉政権下で金沢城を与えられ、加賀一帯を領地としていました。利家の死後、息子の前田利長は関ケ原の合戦で徳川家康に従います。その功績で利長は江戸幕府から加賀、能登、越中の3国を領地として認められ、加賀藩が成立しました。いわゆる加賀百万石と呼ばれる豊かで広大な領地です。外様大名の中では最大の石高で、破格の厚遇だったと言えるでしょう。金沢は城下町と

瑞龍寺

富山城趾公園

して大きく繁栄しました。

その後、利長は養子で異母弟の利常に家督を譲ると、現在の富山市に造った富山城で隠居生活に入りますが、大火で城が焼失してしまいます。1609年、利長は現在の高岡市に高岡城を築いて移り、商人や職人を住まわせ、高岡を城下町として整備しました。利長の死後、高岡城は幕府の「一国一城令」で廃城となりますが、利長の遺志をくんだ利常が、高岡の商工業を発展させ、流通の中心として金沢に次ぐ第2の町に育てました。利長の墓所は利常によって高岡の町に造られ、菩提寺である瑞龍寺は現在、国宝に指定されています。

一方、現在の富山市のほうには、1639年、加賀藩の支藩の富山藩が生まれました。利常が隠居する際、次男の利次に分家として領地を分け与えるかたちでできた十万石の小藩です。領地は飛び地のように加賀藩領に囲まれていました。現在の城址公園付近に富山城が再建され、城下町が整備されました。富山藩は慢性的な財政難や水害被害に見舞われ、本家の加賀藩からかなり借金もしていたようです。それでも売薬業の振興や新田開発などに取り組み、明治時代まで約230年も存続したのは立派でした。

また日本海の流通ルートである北前船が江戸時代に発展し、越中にも利益をもたらしました。寄港地である水橋、岩瀬、放生津、伏木の港では廻船問屋が栄えました。北海道からは

岩瀬の旧廻船問屋

昆布などがもたらされ、これが現在の富山県人の〝昆布愛〟につながっています。

越中の歴史は加賀藩抜きでは語れませんが、富山市などの県東部のほうが高岡市などの県西部よりも、前田家と加賀藩に対する親しみが薄くなる傾向は、こうした近世の歴史が影響しています。

明治時代以降

1871年（明治4年）の廃藩置県で富山藩は富山県になりますが、小さな県域のままでした。その後、名称が新川県に改まり、さらに石川県に併合されてしまいます。石川側と対立し分県運動の末、現在の範囲で富山県が成立したのは、廃藩置県から12年後のことでした。

当初から財政難は続いたようです。特に土砂が堆積し川床が高くなったいわゆる〝天井川〟の氾濫による被害は大きく、この水害対策に莫大な河川改修費がかかり、財政を圧迫しました。河川工事は今に至るまで続いています。

貧しいと出稼ぎや移住も多くなります。ちなみに**北海道への開拓民**は、明治から大正にかけて、全国から渡っており、中でも東北と北陸から多く移住していますが、明治30年代は富山県出身者が一番多かったというデータがあるそうです。漁師は北前船でなじみのあるコンブ漁などに従事し、農民は集団で土地を開墾しました。北海道名寄市に砺波という地名があるのも富山県の砺波から集団移住があったからでしょう。北海道沼田町は、町の礎を築いた富山県小矢部市出身の沼田喜三郎の名字から名付けられたそうです。

また富山市に本店がある北陸銀行の支店が、昔から北海道各地にあるのも富山県をはじめ北陸出身者が多かったからです。北陸銀行は２００４年に北海道銀行と経営統合し、ほくほくフィナンシャルグループを設立しました。開拓民とは関係ありませんが、現在の高橋はるみ北海道知事も富山市出身です。北海道と富山県には深い縁があります。

出稼ぎと言えば、男たちが県外へ出稼ぎに行くと、家を守ったのは働く女房たちでした。この女たちが歴史に名を残したのが、１９１８年（大正7年）の「**米騒動**」です。日本史の教科書にも出てくるのでご存じの方は多いのではないでしょうか。シベリア出兵などを契機にコメの買い占めや売り惜しみが起き、米価が高騰していたころ、富山県魚津市の港で漁師の女房らが、コメの県外移送の船積みを阻止するため米倉に押し掛けるという騒ぎが起きました。コメの移送阻止や安売りを求める動きは県内の港町に広がり、「越中の女一揆」と報道されました。すると騒ぎは全国各地に飛び火し、大きな暴動へと発展、警察や軍隊が出動して鎮圧する事態となります。これによって当時の内閣が総辞職するに至りました。騒動が広がったのは報道の影響も大きいのですが、この歴史的事件は「富山の女はたくましい」「怒らせたら怖い」という風評にもつながったと思います。

●米は積ませぬ
魚津細民海岸に蝟集す
●青物市場

魚津の「米騒動」を報ずる『富山日報』
7月25日

さて、富山県が貧しさから脱却する契機となったのは**豊富な水の利用**でした。水害に苦しめられてきたマイナス要素を、水力発電によってプラスへと転換してみせます。まさに災い転じて福となす、です。河川工事などの土木費の出費により財政が苦しかった県は、電力事業による増収を図り、1920年（大正9年）に電気局を設置しました。県営、民営の水力発電所が次々と建設され、発電量が急上昇し、1934年（昭和9年）、36年、37年には全国1位を記録します。当時の総発電量は約40万～50万キロワット。全国の約8分の1の電力を産出し、富山県は「電源王国」と呼ばれました。

安価な電気と大量の水は工場の誘致にも有利に働きます。発電した電気の約60％は県外に送電され、約40％は県内の工場に。アルミ精錬をはじめ鉄鋼、化学、機械工場が集まり、富山県は**新興工業県**へと変ぼうしていきます。また、日本が支配していた朝鮮半島、旧満州に近いことも有利に働きました。戦前には全国有数の工業地帯に発展しますが、これが太平洋戦争で大きな被害を受ける原因にもなりました。

1945年（昭和20年）8月2日未明、富山市に米軍機約170機が襲来し、約2時間にわたり爆撃しました。**富山大空襲**です。本州日本海側第3の都市で、重要な工業地域であり、軍需工場があったことから攻撃目標となったようですが、爆撃は工場のみならず市街地にも徹底的に行なわれました。死者2718人。建造物の破壊率は99・5％に達し、これは空襲の被害としては全国でも最悪の数字でした。この結果、戦後の富山市は文字通りゼロからスタートせざるを得ませんでした。空襲に遭わなかった金沢市に対し、富山市に歴史的建造物が少ないのもこうした理由があるからです。

3　宿敵・金沢の話

ここでは富山の歴史を踏まえつつ、話は少し脱線します。避けては通れない宿敵・金沢についてです。金沢にゆかりのある方はこの節をスキップするか、寛容な気持ちで笑っていただければと思います。

近世において越中富山は加賀藩の領地でした。金沢は加賀藩の城下町として繁栄します。戦災に遭わず、古都の風情を残す観光都市として現在に至っています。だからどうしたって話ですが、まあ富山からみれば、偉そうでお高くとまっていると、文句を言いたくなる相手が金沢なのです。決して石川県全体を敵視しているわけではありません。文化も言葉も似ていて、当然親しみがあります。敵はあくまで金沢です。まあ隣同士は仲が悪いというよくある話です。

加賀藩の中心で前田家と家臣の武士たちが住み、その周りに商人や職人が集まって金沢の町は大きくなりました。当然、藩の領地からはコメや特産品が集められ、大坂などで換金されて潤いました。言い方を変えれば、当時の領地であった越中や能登から年貢などの形で生産物を強制的に収奪して豊かになったのです。加賀百万石と自慢げに言いますが、そのうち越中国の石高は50万石を超えていたと言われています。半分以上です。そうやって越中や能登を植民地とし繁栄した町が金沢です。お金があるがゆえに京都から職人を連れてきて、京文化をコピーすることもできました。北陸の小京都と呼ばれるようになったのも豊かさの背景があったからです。

象徴的な話があります。越中の新川郡には越中七金山《かねやま》と呼ばれる七つの大きな鉱山がありました。現在の魚津市山間部にある松倉金山などは有力な金鉱として知られていましたが、17世紀初めから加賀藩は幕府には極秘裏に金銀の採掘を続け、七金山による収入を財政の大きな柱としてきました。しかし18世紀初頭には、ほぼ埋蔵量を掘り尽くしてしまいます。

現在まで続く金沢の有名な伝統工芸に金箔があります。そのシェアは全国の99％を誇ります。伝統工芸そのものに文句を付けるつもりはありませんが、かつてその金箔の原料の金はどこから来たのだろうと思いをはせると、非常に複雑な気持ちがします。**酒や食べ物にまで金箔をまぶすとはいかがなものか**。金を返せといいたくなるのです。

武士の町だった金沢は、基本的に生産ではなく、消費する町です。その本質は変わっていません。現代はここに観光という要素が加わっています。観光地としてブランド力は確かに高い。全国の都市でブランド力9位（富山市は18位）という調査結果があります。観光客向けによく整備もされています。しかし、そうであっても、本屋さんにある北陸地方の**観光ガイドブックのタイトルが「金沢・北陸」**になっていると、富山県人としてはムカッとしてしまいます。石川ではなく金沢ですよ。ほかの地域はひとくくりなのかと。

一方、富山県は搾取された近世を経て、明治以降、工業県として発展してきました。勤勉で教育熱心な県民性も大きかったでしょう。2014年の製造品出荷額は富山県が約3兆6千億円で、石川県の約2兆6千億円を大きく上回っています。富山はものづくりの県です。富山県、石川県の全域を管轄する北陸電力の本社は富山市。地方銀行グループ別で総資産全国5位の北陸銀行の本店も富山市にあります。人口は富山市が約42万人、金沢市は約47万人と大きな差はありません。

それでも金沢のプライドはとっても高い。東京で金沢出身者は、「何県出身？」と聞かれても絶対に「石川です」とは答えません。「**金沢出身です**」と言う。金沢は県名ではありませんから。歴史で言えば、金沢の隆盛はたかだか江戸時代以降のこと。奈良時代、大伴家持は越中・能登の国守であって、そのころ加賀の国は存在せず、すべて越前の領域でした。いったいそのプライドはどこから来るのか、と言いたくなるのです。

北陸新幹線が開通以来、多くの観光客が北陸を訪れるようになりました。しかし経済効果ではやはり金沢が最も恩恵を受けています。富山や高岡は通過、または金沢のついでに立ち寄るという観光客もいます。富山―金沢駅間は新幹線でわずか22分ほど。新高岡―金沢駅間はなんと13分です。近すぎるのがよくないのかもしれません。ついでに腹が立つのは、新幹線が開通したと同時に大阪―富山駅間を結んでいたJR西日本の**特急サンダーバードが大阪―金沢駅間に短縮**されたことです。サンダーバードと言えば富山から関西へ行く唯一無二といえる交通機関です。かつては特急雷鳥の名で親しまれてきました。私も何回乗ったか分からないほど利用し、愛着があります。ライチョウは北アルプスに生息する稀少種の鳥です。昔から富山県の鳥に指定されています。その名を冠したサンダーバードが金沢止まりとは。石川県の鳥はイヌワシですから何の関係もない。それでいいのか。JR西日本はどう考えているのでしょうか。

話は戻ります。金沢が観光客向けの消費に特化・洗練されているのに対し、富山県は観光的な見どころが地域的に分散している上、観光客向けと言うより日常や自然の中に真の魅力があると言えます。この違いがブランド力に表れているのかもしれません。しかし北陸の小京都といえども、あくまで小京都。本物には到底勝てない。私自身、京都にも長く住んだことがありますが、あの街は全体が巨大なテーマパークのように驚くほど多様で奥深く、観光都市としてすごくよくできています。飽きることがありません。それに比べれば金沢など……。

いやいや、言い過ぎました。富山と金沢を一緒に巡るという観光客が少なくない現状では、共倒れになりかねないのでこの発言は撤回いたします。日常でも、金沢と接している県西部などでは県境に関係なく、お互いに買い物やレジャーで行き来している現状があります。富山から金沢大学へ進学する人も多い。本来なら一衣帯水の関係で、共に繁栄するために協力してやっていくべきなのかもしれません。金沢の町並みはやっぱり好きだし……。

それでも東京の飲み屋さんなどで金沢出身の若者と一緒になると、いかに金沢が周囲を搾取して繁栄してきたかを、ついまくしたててしまう自分がいます。**大人げないです**。しかし、それを「はいはい、また始まった」とばかりにニヤニヤして上から見てくる若者に、また腹が立ってくるのです。やはり金沢は永遠の宿敵なのでしょうか。

4　富山県出身です

ここでは富山県人の性質について考えてみましょう。もちろん一人一人個性はあるのですが、トータルでみれば傾向が出てくるかもしれません。**勤勉、忍耐強い、内向的**など、よく言われる県人像は当たっているのでしょうか。

▼ひとがやらないことをやった人

富山県は独創的な研究で大きな業績を上げた研究者を数多く生んできました。世界初のテレビの公開実験に成功した**川原田政太郎**、VHF電波の研究でテレビアンテナの実用化に貢献した**宇田新太郎**、稲博士と呼ばれ害虫に強い稲の品種の研究に尽くした**盛永俊太郎**の3人は、いずれも魚津市出身です。世界的な業績を残したこの3博士は、地元では**「魚津の三太郎博士」**と呼ばれています。auのCMみたいですが。川原田博士の生涯は1990年に放送されたNHK連続テレビ小説「凛凛と」の主人公のモデルにもなりました。

また高岡市出身の**高峰譲吉**博士は、消化酵素タカジアスターゼを発見、止血効果のあるアドレナリンの抽出に成功するなどさまざまな業績を残した世界的な化学者です。理化学研究所の設立者の一人でもありました。製薬会社三共（現第一三共）の初代社長を務めた企業家でもあり、富山県のアルミ製造業と水力発電事業を先導したことでも知られています。

近年では2002年にノーベル賞化学賞を受賞した**田中耕一**さん（富山市出身）がいます。タンパク質など生体高分子の構造解析で、質量分析器の機能を発展させるソフトレーザー脱着法を開発した業績が認められました。富山中部高校から東北大学へ進み、京都市の島津製作所に入社。当時、まだ無名のサラリーマン技術者で、受賞が決まったとき、マスコミは全くノーマークでした。「田中さんってどんな人？」というマスコミからの問い合わせ電話が、田中さんと面識のない私のところにも掛かってきたぐらいのサプライズでした。一夜にして有名人となった田中さんですが、謙虚で実直なキャラクターは日本中から好感を持たれました。黙々と努力する富山県人らしさがにじみ出ていたと思います。

この田中さんと同年にノーベル賞物理学賞を取ったのが、富山県の県境に近い岐阜県飛騨市の神岡鉱山跡に巨大観測装置カミオカンデを造り、ニュートリノ検出に成功した**小柴昌俊**さんでした。さかのぼって2000年に化学賞を受賞した**白川英樹**さんが、岐阜県高山市で育ったことや、1987年に生理学・医学賞を受賞した**利根川進**さんが子どものころ富山県大沢野町（現富山市）で育ったことから、富山〜飛騨・高山を結ぶ国道41号線の約90キロを最近では**ノーベル街道**と呼ぶようになっています。２０１５年にスーパーカミオカンデの実験成果で、富山市在住の**梶田隆章**さんが物理学賞を受賞したことで、さらにノーベル街道の名に箔がつきました。研究場所がカミオカンデだった２人を含んでいるのでちょっと水増し気味ですが、他の３人はこの地域の風土の中で育ったのは間違いないので、いいことにしましょう。

かつて富山と飛騨・高山を結んだ飛騨街道は、富山湾のブリを海のない山間部へと運んだ道で、**ブリ街道**と呼ばれたそうです。ブリは成長につれて呼び名が変わる出世魚として知られていますが、まさかブリからさらにノーベルに出世することになるとは誰も予想できなかったでしょう。

▼教育県

富山県は教育県として知られています。特に大学受験を強く意識した教育に特徴があります。その中心は県立高校です。中でも進学校である富山中部高校、富山高校、高岡高校は「御三家」と呼ばれ、有名大学の合格数を競ってきました。特に東京大学を頂点とする国立大、しかも現役での合格数を増やすことに目標が置かれており、中身は受験ノウハウを中心に教える教育だとも言えます。これが良いか悪いかは一概に言えません。コツコツ粘り強い県民性に合っているようだし、自由な発想を育むには弊害があるかもしれません。近年はさまざまな改革が行なわれているようですが、難しい問題です。

こういった教育が目指す理想のモデルは、分かりやすく言えば、東大からキャリア官僚という道です。現役の霞が関の省庁のキャリア官僚（課長級以上）を出身都道府県別に分け、人口で割った10万人当たりの**官僚輩出率**で、富山県は東京都、山口県に次いで全国3位という調査結果があります。富山県の教育は目指す人材を多数輩出することに成功しているということになります。

もともと〝**お上**〟**に弱い**という県民体質があります。その裏返しで公務員の社会的地位は高い。これはどの地方にも共通しています。また突出するのを避け、横並びを好むところもあります。やはり役所指向が強くなるのは当然かもしれません。しかし、もっと多様性があっていいと思うのです。言うのは簡単かもしれませんが、理想は幅広い分野で活躍する人材を輩出するような教育です。パイオニア精神や反骨心も大切に育んでほしいところです。

▼実業家・官僚

過去にさかのぼると、富山県は立身出世を果たした大企業の創業者たちを数多く輩出していることが分かります。有名な県人を列挙してみましょう（敬称は略させていただきます）。

安田善次郎は明治から大正にかけ、安田銀行を中核とする安田財閥を一代で築き上げ、銀行王と呼ばれました。安田銀行は後の富士銀行、現在みずほフィナンシャルグループとなっています。また日本初の生命保険会社である安田生命（現在の明治安田生命）など財閥企業は、戦後解体された後も、企業グループ「芙蓉グループ」を形成しました。

善次郎は幕末に富山藩の下級武士の家に生まれ、江戸に出て奉公から始め、両替商となります。銀行を設立し、やがて明治政府の信頼を得て、国家の発展とともに財を築いていきました。その財産は最終的に当時の国家予算の8分の1といいますから、桁外れです。日本一の金持ちでしたが、質素な生活を送り、「陰徳を積む」をモットーとするなど独自の経営哲学を持っていました。しかし、世間から強欲、吝嗇との悪評を受け、最後は右翼の男により暗殺されてしまいます。陰で積んでいた徳が世間には見えず、巨額の富へのやっかみもあって悪評が立ったのでしょうか。その生涯は、一般の人からあまり注目されてきませんでした。

今は善次郎の寄付によってできた東京大学の安田講堂や川崎市のＪＲ鶴見線の安善駅に名前が残るぐらいです。

富山県人でも善次郎のことをあまり知らない人が多いようです。富山市の富山駅前にある明治安田生命ビルの前に善次郎の銅像が立っています。その近くの愛宕町に善次郎の生家跡があって、安田記念公園となっているのですが、私自身、そのことを最近知りました。かつて通学路だったのに、気付きませんでした。

安田善次郎像

「陰徳を積む」は、仏教思想から来ています。富山は真宗王国としても知られています。コツコツ財を築きながら質素に暮らし、目立つことは避け、陰で人助けしようという姿勢は、私にはとても富山県人らしく見えます。

善次郎のほかにも多くの創業者たちがいます。セメント王と呼ばれた**浅野総一郎**は氷見市出身。浅野セメント（後の日本セメント、現在の太平洋セメント）の創設者で、同郷の安田善次郎の支援を受け、浅野財閥を築くまでになりました。

後の世代では、鉄鋼王と呼ばれた**大谷米太郎**は小矢部市出身。大相撲の力士から鉄鋼業に転じた異色の経歴で、戦前から戦後にかけて大成功を収めました。東京・紀尾井町のホテルニューオータニの創業者としても知られています。

ほか広告大手の博報堂の創業者、**瀬木博尚**は富山市出身、角川書店（現在のKADOKAWA）創業者で俳人の**角川源義**は水橋町（現富山市）出身、クレジット販売のパイオニアである丸井グループ創業者の**青井忠治**は小杉町（現射水市）出身、ファスナー生産世界一のYKKの創業者**吉田忠雄**は魚津市出身です。

企業家を輩出する風土は今も根付いていると言えます。帝国データバンクの2016年調査で、出身地別の社長数を人口で割って算出した**社長輩出率**は、福井県、山梨県に続いて全国3位という結果でした。貧しかった時代に人々が夢見た立身出世。その成功モデルが数多くあるという伝統が、後押ししているのかもしれません。

もう一つ、立身出世の道としてあるのが、官僚です。先にもふれましたが、富山県人には官僚から名を成した人が多くいます。その代表が**正力松太郎**です。

１８８５年（明治18年）大門町（現射水市）に生まれた正力は、東京帝大（現東京大学）を卒業し、内務省の官僚になりました。今でいう警察官僚です。前述した米騒動の鎮圧などで功績を上げますが、皇太子（後の昭和天皇）が襲われた虎ノ門事件を防げなかった責任を問われ、クビになってしまいました。

一転、正力は当時、経営難にあった読売新聞社を買収して社長となり、部数を拡大させ全国紙へ育てます。また野球の興行にも目を付け、読売巨人軍を創設、オーナーになります。現在のプロ野球の基礎をつくったのが正力です。戦後、ＧＨＱに公職追放されますが、まもなく復活。日本初の民放テレビ局である日本テレビの社長に就任しました。さらに１９５５年（昭和30年）には衆議院議員に富山２区から出馬して当選。科学技術庁の初代長官を務め、日本の原子力発電を推進しました。

正力の女婿で読売新聞社長を務めた**小林與三次**も、正力と同じ旧大門町出身です。東京帝大から内務省の官僚になった経歴も全く同じでした。読売新聞は正力の地元に近い高岡市に全国紙では唯一、北陸支社を置いています。またかつては読売ジャイアンツの北陸シリーズがあり、年１回、富山県でも試合が行なわれました。正力の威光によるものだったのでしょう。富山県には昔からジャイアンツファンが多いようです。

「航空界のドン」の異名があった砺波市出身の**若狭得治**も運輸省（現在の国土交通省）の官僚出身です。運輸事務次官まで上り詰め、退官後は全日本空輸（全日空）の社長となりました。経営拡大を進め「全日空中興の祖」と言われましたが、戦後最大の疑獄事件であるロッキード事件に連座し、外国為替管理法違反などの罪で起訴されました。一貫して否認しましたが、その後、執行猶予付きの有罪判決が確定します。被告の立場であっても全日空の会長、名誉会長として隠然たる影響力を持ち続けました。まさにドンの異名にふさわしい存在でした。

もう一人、官僚出身ではありませんが、異色の人物がいます。小矢部市出身の**瀬島龍三**です。陸軍大学校を首席で卒業し、大本営参謀として太平洋戦争の作戦立案を担当。終戦間際にソ連軍の捕虜となり11年間、シベリアに抑留されます。帰国後、伊藤忠商事に入社、航空機商戦などで活躍し、わずか4年で取締役に就任。副社長、会長を務めました。また中曽根康弘元首相のブレーンとして、行政改革や日韓外交などにも辣腕をふるい、政財界に大きな影響力を発揮しました。昭和史の裏側を知る当事者の一人であり、明らかになっていないことも多い人物です。常に参謀という黒子の立場から、日本を動かしてきたと言えます。

▼スポーツ・文化・芸能人

いろいろな意味でヘビーな人物が続きましたが、みんなが知るスポーツや芸能の分野の著名人を見ていきましょう。と言っても、他県より多いとか豪華という感じはありません。特にスポーツではスーパースターが出ていません。世界のホームラン王、王貞治さんのお母さんが氷見市出身というのはありますが……。ここはまず私的に思い入れのある人物から挙げたいと思います。

サッカー元日本代表のフォワード**柳沢敦**さん。小杉町（現射水市）出身で富山第一高校から鹿島アントラーズに入り活躍しました。生で観戦したことがありますが、ボールのないところでの動きの素晴らしさは素人でも分かりました。いわゆるダイアゴナルランの教科書のような動きで、派手さはないが本当にうまい選手で好きでした。イタリア代表とのテストマッチで世界一のGKブッフォンから奪ったボレーシュートの美しさは忘れられません。

しかし一方で、ここ一番の勝負弱さと消極的に映るプレースタイルが批判を浴びました。アジアカップ決勝のサウジアラビア戦、ゴール前のシュートチャンスで謎のスルー。ドイツワールドカップ（W杯）のクロアチア戦、絶好のパスを、どフリーの状況で大きくはずしたシュート。日本中がテレビの前で、ずっこけました。富山県人として柳沢選手を応援していた私も思わず頭を抱えました。技術は一流なのに、人を押しのけてもガツガツとシュートを打つ、フォワードに必要な強いメンタリティーがないと言われましたが、それでもスタイルを変えない頑固さがありました。素人なので勝手なことを言いますが、リスクを冒すシュートより確実なアシストを選びがちな性格は富山県人的だなと、その頑固さも含めて思ったものでした。

最近、富山県出身者が目立つのは格闘技の分野かもしれません。リオデジャネイロ五輪レスリング女子48キロ級金メダリスト、**登坂絵莉**さんは高岡市出身。同五輪柔道女子70キロ級金メダリスト、**田知本遥**さんは射水市出身です。富山の女性の頑張りは本当にすばらしいです。男性もスターが出てきてほしいところですが、大相撲の**朝乃山**（富山市出身）が今売り出し中。バスケットボールでNBAのドラフトに最も近い日本人と言われる**八村塁**さん（米ゴンザガ大）も富山市出身。スーパースター候補です。

一方、文化人で最も有名なのは漫画家の藤子不二雄さんでしょう。高岡市出身の**藤子・F・不二雄**さん（本名・藤本弘）と氷見市出身の**藤子不二雄Ⓐ**さん（本名・安孫子素雄）の2人の共同ペンネームです。

地元に定着する藤子さんのキャラクター。ドラえもん仕様の万葉線

ドラえもん、パーマン、怪物くん、忍者ハットリくん、オバケのQ太郎……。普遍的な人気キャラクターを数多く創り出してきました。その歩みは藤子不二雄Ⓐさんの「まんが道」という自伝的漫画に描かれているので一読をお勧めします。その中に2人が育った戦後間もない高岡の街が描かれています。戦災に遭わなかった高岡は、古く懐かしい町並みが今も残されています。前田利長が造らせた城跡の古城公園は、2人が漫画家になる夢を語り合う場として何度も登場して印象的です。多くの子どもたちに夢を与える作品を生んだ土壌に、高岡という街が確かにあったと思わせてくれます。藤子・F・不二雄さんは1996年に

亡くなりました。現在、緑深い古城公園のそばの高岡市美術館2階に、「藤子・F・不二雄ふるさとギャラリー」があります。ゆかりの品や原画などが展示されています。

さて、今、富山県の顔として全国に知られている芸能人は誰か。ベスト3を挙げるなら**柴田理恵**さん、**室井滋**さん、**立川志の輔**さんではないでしょうか。

柴田さんはバラエティー番組「秘密のケンミンSHOW」で富山県民を一人で代表しているように、富山の宣伝隊長としての貢献度はナンバー1です。おわら風の盆で有名な八尾町（現富山市）出身。明治大学卒業後、久本雅美さんらとともに劇団「WAHAHA本舗」の看板女優として活躍、今やバラエティー番組に欠かせない存在です。大笑いしたりもらい泣きしたり、まさに典型的な「元気な富山のおばちゃん」を体現しています。その活躍から2016年に富山市から特別副市長を委嘱されています。

滑川市出身の室井さんは、早稲田大学在学中から多くの自主映画に出演し、映画好きには「自主映画の女王」として知られていました。一気に有名になったのは小林聡美さんらと出演したフジテレビのドラマ「やっぱり猫が好き」で、コメディエンヌとしての才能を開花させました。今や映画、ドラマに欠かせない個性派女優です。「電波少年」などバラエティー番組でも活躍しましたが、富山を代表する存在になったのは一連のエッセイが大きかっただろうと思います。名エッセイストでもある室井さんは、ユーモアあふれる文章で富山の思い出などを綴っています。特に初エッセイ集『むかつくぜ！』に続く『キトキトの魚』（1993年発行）は、キトキト（生きがいい、新鮮な）という富山弁を全国に知らしめました。富山県人必読の書です。

「てるてる亭」のある「ほくほく通り」

新湊市（現射水市）出身の立川志の輔さんは明治大学落語研究会で落語を始め、劇団員や広告代理店などを経て、29歳という遅い年齢で立川談志さんに入門しました。お茶の間ではNHKの「ガッテン！」（前身は「ためしてガッテン」）の司会者としてよく知られていますが、今や落語家としては、江戸落語を代表する存在です。独演会などのチケットが取れないことでも知られ、古典だけでなく新作落語も手掛けるオールマイティーな力量に、年齢とともに艶っぽさと粋さが増し、まさに円熟期にあります。将来の人間国宝候補だと思います。ダウンタウンの松本人志さんが、毎晩寝る前には志の輔さんか桂枝雀さんの落語を聴くというほどのファンで、「(好きすぎて) 志の輔さんとは直接会えない」とバラエティー番組で語っていました。

気さくな人柄で、よく富山の地元番組に出演するなど、いろいろな場面で故郷に貢献してきました。2008年、富山市中心街の中央通りに、志の輔さんがプロデュースする「てるてる亭」という小さな演芸ホールが誕生しました。そこでは月1回、志の輔落語を生で聴くことができます。価値があります。富山県民は本当にラッキーです。

ほかにも芸能人はたくさんいます。俳優でいえば初代ウルトラマンの**黒部進**さん(黒部市出身)、ドラマ『古畑任三郎』で知られる**西村まさ彦**さん(富山市出身、最近西村雅彦から改名)らがいますが、どちらかというと女優のほうが目立ちます。『にっぽん昆虫記』や『飢餓海峡』などで戦後の日本映画界を代表する女優の**左幸子**さん(朝日町出身)、NHKアナウンサーから女優に転身しテレビドラマなどで活躍した**野際陽子**さん(富山市出身)がいます。文化人ですが、ここに社会学者でフェミニストの**上野千鶴子**さん(上市町出身)や官僚出身でベストセラー『女性の品格』で知られる昭和女子大理事長の**坂東眞理子**さん(立山町出身)の名前を並べてみると、エネルギッシュな富山の女性像が浮かんできます。

最近、テレビなどで活躍の人では、ニュースのコメンテーターやバラエティー番組で見掛ける**モーリー・ロバートソン**さんは高校時代に、高岡に住んでいました。母は高岡市出身の国際ジャーナリスト、**ロバートソン黎子**さん。高岡高校卒業後、東大からハーバード大へ進学します。当時、『よくひとりぼっちだった』という自叙伝を出版し、話題になりました。

お笑い分野ではハイキングウォーキングの**松田洋昌**さんが富山市出身。「あったかいんだからぁ♪」のクマムシの**佐藤大樹**さんは入善町出身。どちらも「じゃないほう芸人」と言われますが、男前です。それぞれコンビで地元放送局の番組にも出演しています。今売り出し中の**バッドナイス常田**さんも男前、滑川市出身です。

地元番組と言えば、大スターである**高原兄**さんを忘れてはいけません。かつて「完全無欠のロックンローラー」を大ヒットさせたアラジンのボーカル。その後、実家の会社を継ぐため富山市に戻りますが、地元のテレビやラジオに出演したり、さまざまな歌手へ曲を提供したりと、社長と芸能活動の二足のわらじをはいてきました。軽妙な語りと温かい人柄で富山県人に深く愛されています。

私がイメージする**ミスター富山**は、この高原さんか西村まさ彦さん。**ミズ富山**は室井さんでしょうか。みな同世代です。

西村さんに注目し始めたのは、代表作である1996年初演の三谷幸喜作の舞台「笑の大学」でした。職務に忠実な警察の検閲官役。大まじめなやりとりが笑いを生みます。口数少なくきまじめで、感情をあまり表に出さないが、心中は熱い。そんな役柄が西村さん個人にも重なり、私には富山の男性っぽく映りました。

一方、室井さんの朗らかで情に厚く、芯が強いキャラクターは、とても富山の女性らしく映ります。さらに、お二人の顔だちも典型的な富山顔ではないかと、ひそかに思っています。県人には少なからず同意してもらえるのではないでしょうか。

第2章　富山の暮らしと文化

1　東日本 or 西日本

ここで問題です。日本を東西に分けるとき、どこが境目になるのでしょうか？　富山県は東日本か西日本か、どっちでしょう？

地質学的には、ちょうど日本列島の真ん中を縦断するフォッサマグナの西側の境界である**糸魚川―静岡構造線**が分かりやすい境目です。北アルプスから南アルプスが東西を隔てるようにそびえているからです。糸魚川市は新潟県の西端で富山県の東端の朝日町に接していますから、ちょうど県境で東西に分かれるかたちになります。**電源の周波数**も糸魚川を境に変わります。主に西日本は60Ｈｚ（ヘルツ）、東日本は50Ｈｚなのですが、富山県は北陸電力の管轄で60Ｈｚ、糸魚川市は東北電力の管轄（一部北陸電力）で50Ｈｚとなっています。ちなみにＪＲは、新潟県がほぼＪＲ東日本なのに糸魚川だけＪＲ西日本の管内です。

▼食文化

おおむね富山県は西日本ということで落ち着くのですが、文化的には関東と関西のどちらに近いのでしょうか。食文化で言えば、昆布大好きな県民なので、同じように北前船で入ってきた昆布に親しみ、昆布出汁をよく使う大阪、京都の関西に近いと言えます。**カップ麺**の「どん兵衛きつねうどん」（日清食品）には、昆布出汁が効いた薄口しょう油味の西日本向けと、かつお出汁の効いた濃口しょう油味の東日本向けの商品があるそうですが、販売エリアは富山県までが西、新潟県からは東。やはり両県の県境が分かれ目となっています。

しかし、しょう油に関しては薄口がメーンという感じではありません。富山ブラックがあるくらいで、濃口のほうになじみがあります。

うどんとそばで比べたらどうでしょうか。関西はうどん、関東はそばと考えると、富山は両方食べます。ただ県西部のほうがうどん寄り、県東部のほうがそば寄りのイメージはあります。

ここで話はちょっとややこしくなりますが、**富山県は大きく2つの地域**に分けられます。富山市にある呉羽山と呼ばれる丘陵を境に**東側を呉東**（ごとう）、**西側を呉西**（ごせい）と呼びます。富山市、魚津市、黒部市、滑川市などは呉東、高岡市、射水市、南砺市、氷見市、砺波市、小矢部市などが呉西で、両者は言葉や文化で若干の違いがあります。歴史を見ても、呉西には古代に国府が置かれ、早くから開けたことや、近世は加賀藩の城下町金沢に近く、文化的に影響を受けたことが、両者の違いを生んだとも言えます。特に富山市と高岡市はそれぞれ呉東と呉西の中心都市としてライバル関係にありました。

うどんとそばの話に戻しますが、呉西には特産品として氷見市の**氷見うどん**と砺波市の**大門《おおかど》素麺**があります。氷見うどんは江戸時代から伝わる手延べ製法の細うどん。秋田の稲庭うどんに似ています。コシがあってのど越しがいいうどんです。一方、大門素麺は砺波市の大門地区で作られているそうめんです。こちらも手延べ製法で、コシがあってのど越しがいい。塩加減も絶妙で、一度食べたら他のそうめんが食べられなくなるほどです。麺を丸まげのようにくるくると巻いた形が特徴で、巻いた4個を紙で一包みにしたものが商品になりま

今庄のちゃんぽん

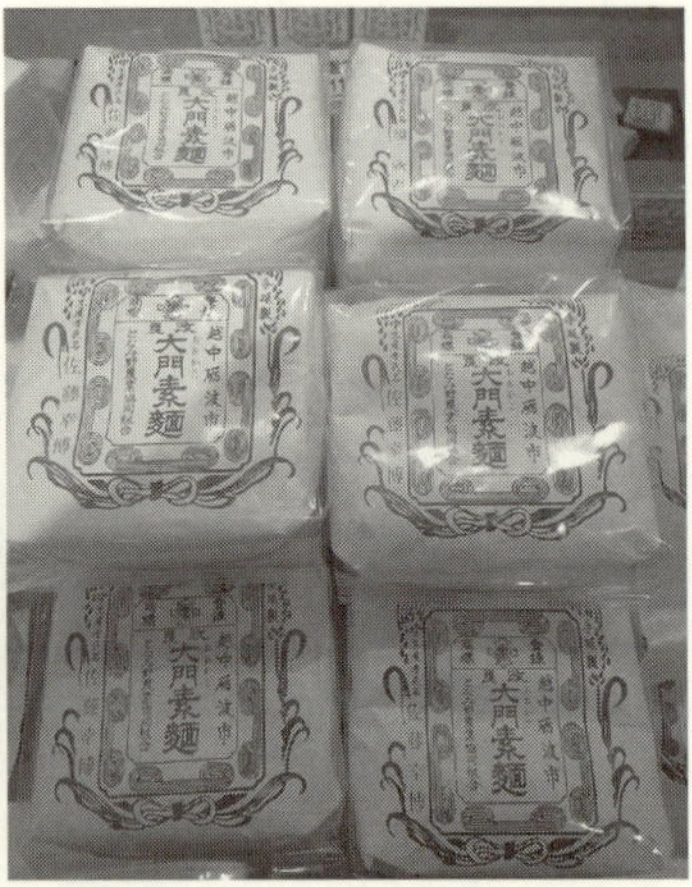

大門素麺

越中そば

立山そば

す。生産農家が少なく、冬場に夫婦による手作業で作られているので、多く出回らない高級品です。どちらも小麦を原料とする特産品であることから、やはり呉西はうどん文化圏なのかと思ったりします。

JR高岡駅ビルと南口に「**今庄**」といううどん屋さんがあり、そこには「**ちゃんぽん**」という珍しいメニューがあります。長崎ちゃんぽんとは何の関係もなく、うどんとそばのハーフ&ハーフの一杯です。福井県にもうどんとそばが一体となった「うそば」というものがあるそうですが、こちらのちゃんぽんは、一つの器の中でうどんとそばが別々になって同居しているかたちです。つゆは昆布出汁でやや甘めの関西風。こうなると、うどんもいいけど、そばも捨てがたいという、富山県民のアンビバレンツな気分が伝わってきます。

JR富山駅ビルに昔からある「**立山そば**」という立ち食いそば屋さん（実際は座って食べます）。こちらのそばつゆは、薄口のライトブラウンでやや甘め。ところがすぐ近くの富山地方鉄道の電鉄富山駅の改札近くにある「**越中そば**」という立ち食いそば屋さんのそばつゆは、やや濃口のダークブラウンで少し塩辛めです。どちらも中学生のころから食べていて、両者の違いは感じていました。わずか50メートルほどの距離の間に関西と関東の境界線があるということになってしまいます。

結論から言えば、富山県の食文化は関西寄りで、特に呉西のほうが色濃いが、境目の県らしく関東風も入ってきていて、東西が混在している部分が見られる、というあいまいな感じでしょうか。

▼テレビ番組

食文化に限らず、いろんなものも同じように言えるかもしれません。私がリトマス試験紙として考えたのは、**大阪の吉本新喜劇**です。私が子どものころ、週末の昼はテレビで新喜劇の番組を放送していました。今でも、あのホンワカパッパというテーマ曲に反応してしまいますし、みんな一斉にこけるという伝統芸をはじめ、さまざまなギャグが刷り込まれています。一方、当時TBS系列の放送局がなかったためドリフターズの「8時だョ！全員集合」は見ることができませんでした。東京発の笑いより大阪発の笑いが身近でした。笑いのツボが関西寄りというのは否定できません。これは文化的に結構重要なファクターだと思います。

現在、状況は大きく変わりました。情報量は膨大に増え、地域差も少なくなっています。どこにいてもネットで情報を得ることができます。東京の一極集中が進み、流行の発信も東京ばかりとなり、全国同じような文化に平準化されていきつつあります。富山も北陸新幹線が開通し、物理的にも心理的にも東京がより近くなり、ますます東京の影響が強くなっていくでしょう。

ただ、東京一色というのは味気ないものです。かつて朝日放送の番組「探偵！ナイトスクープ」でアホとバカの東西境界線を探るという名企画があり、最終的に全国調査までしています。富山県はアホでもバカでもない方言「だら」を使います。石川県も同じです。これは富山、石川だけなのかと思いきや、鳥取、島根も「だら」系の方言を使うとのこと。調査によると、アホ、バカに当たる全国のさまざまな方言の分布を見ると、同じ系統の言葉が京都を中心に同心円状に広がっているそうです。都で流行った言葉が同じスピードでゆっくりと伝播し、都から同じ距離の土地に同じ言葉が定着したというのが、この調査が導き出した推論です。京都で流行った時代が古い言葉ほど遠いところへ、新しいほど近いところへ。アホよりバカのほうが古く、「だら」はその間ということになります。これは説得力あります。しかし、ここはちょっと逆らって別の可能性を妄想してみましょう。あの山陰と北陸にしか見られない四隅突出墳のことを思い出してみてください。**「だら」もまた日本海でつながる古代出雲文化圏の名残ではないかという説**です。根拠はないけど、そう考えたほうがずっと楽しくなります。関東でも関西でもない**第3極**ですね。

いろいろな文化がまじり合うところに、新しいものや面白いものが生まれるというのは、世界の歴史が証明しています。富山県は東西境目の県らしく、関西風文化に関東風が入り込み、北前船で北海道からの産物も入り、薬売りで全国を行商した人たちが各地の文化の一端を持ち帰り、そうやって独自の文化が形成された歴史があります。これまでそうだったように、これからも、東京だけでなくさまざまな文化を取り入れながら、新しいものや面白いものを生み出していってほしいと思うのです。

2 方言

テレビのバラエティー番組「ウチのガヤがすみません!」を見ていたとき、「**雷鳥**」という姉弟漫才コンビのお姉ちゃん(藤沢さなえさん)が登場し、三代目J Soul Brothersの登坂広臣さんと山下健二郎さんに方言クイズを出題していました。雷鳥のお姉ちゃんは射水市(旧新湊市)出身。私的な見立てでは典型的な富山呉西の美人顔、イントネーションも完璧な富山弁でした。実は新湊でロケした映画『人生の約束』で、方言指導もしたという富山弁のエキスパートです(翌々週の放送では岡田准一さんに果敢に絡んで大きな笑いを取っていました。ぜひ全国区で売れてほしい姉弟コンビです)。

そのお姉ちゃんからの出題は「**ちんちんぼんぼしてくれたら、全部だいてやるちゃ**」という難問です。これは富山県人の私でも分かりません。「だく」というのは「おごる、お金を払う」というのは聞いたことがあります。また「おちんちんかく」というのが「正座する」の意味というのは使わないまでも知識として知っていました。「ぼんぼ」は「おんぶ」じゃなかったか? しかし「ちんちんぼんぼ」が、富山弁〝中途退学〟の私には分かりませんでした。番組では下ネタか！と突っ込みが入っていましたが、確かに下ネタっぽいです。

正解は「肩車してくれたら、全部おごってあげる」だそうです。「肩車」とは知りませんでした。「ちんとしとられ」というのはよく親や先生に言われていましたから「じっとしていなさい、おとなしくしていなさい」の意味と分かります。「ちんちん」もその延長線上かと思います。

同じような意味で「かたいもんでおられ」（いい子にしていなさい）というのもよく言われました。つなげると「おちんちんかいとって、かたいちゃ」（正座していて、いい子だ）。これも下ネタっぽいです。

▼「〜られ」「〜け」「〜ちゃ」

世代差や地域差があって、知らない、または使ったことないという言葉も多くあります。ただ富山弁の特徴を一番表しているのは語尾ではないかと思います。覚えれば簡単。「〜られ」「〜け」「〜ちゃ」の3つで何とかなります。自信はないですが。

「〜られ」は命令文の語尾ですが親しみが込められています。「食べられ」（食べなさい）「もう寝られ」（もう寝なさい）「温泉でも行ってこられ」（温泉でも行ってきなさい）などの使い方です。

「**〜け**」は疑問文の語尾。シンプルに「いいがけ?」(いいですか?)のほか「勉強しとんがけ?」(勉強していますか?)「温泉でも行こまいけ?」(温泉でも行きましょう)などの使い方があります。「が」を挟んで「○○がけ?」という用法が多いようです。

「**〜ちゃ**」は肯定文の語尾。「いいちゃ」(いいですよ)「勉強しとんがやちゃ」(勉強しています)「食べとっちゃ、食べとんがやちゃ」(食べています)など。こちらも「がや」を挟んで「がやちゃ」の用法が多く見られます。

末尾だけでなく、その前に位置する「**〜が**」も富山弁では重要な役割を果たしていそうです。「が」で止めても、省略形として意味は十分通じます。「そんなが」(そうです)「いやが」(いやです)「好きなが」(好きです)など。この「〜が」の発音は、現代の日本語から失われつつある鼻濁音で、とても柔らかな響きを持っています。女性が使うとチャーミングに聞こえます。

富山弁の発音は鼻に抜けてちょっとフランス語っぽいと言ったら言い過ぎかもしれませんが、フランス語の「Ｎｏｎ」に似た、いろんな場面で使える「**なーん**」という言葉もあります。「Ｎｏｎ」と同じ否定の意味ですが、「なーん、なーん」と2度言ったりすれば(全然)

（お構いなく）（気にしないで）（どういたしまして）など幅広い意味に使えて便利です。県外の方もぜひ使ってみてください。

富山商工会議所が作成した「**富山県方言番付**」というものがあります。いろいろな富山弁の言葉を1枚の番付表にしたもので、販売もしています。これを眺めていると、半分以上、私の知らない言葉で埋め尽くされていて驚かされます。富山弁は奥深いです。

まず東西の横綱に位置づけられたのは「きのどくな」と「きときと」。これは分かります。「**きのどくな**」は（悪いですね、ありがとうございます）の意味で、相手を思いやりつつ感謝する優しい言葉です。「**きときと**」は（新鮮な、生き生きした）の意味で魚のいきの良さにも人の若々しさにも使います。海の幸から生まれた富山らしい言葉です。

東西の大関は「だら」と「まいどはや」。「**だら**」はもう日常で何回使ったか分からないほど使いました。（バカ、アホ）の意味ですね。用法は関西のアホと全く同じで、軽く突っ込むときにも使います。「だらぶつ」「だらぶち」などの変化形もあります。一方で、「**まいどはや**」は、私は全く使ったことがありません。（こんにちは）という基本的な意味ですが、昔、古い商店などでお店の人が言っているのを聞いたくらいです。番付は大関ですが、急激に使われなくなった言葉ではないでしょうか。

　番付から私が理解できる言葉を拾ってみると「**そくさいけ**」（元気ですか）、「**うい**」（つらい）、「**ねまる**」（座る）、「**つかえん**」（かまわない）、「**くどい**」（塩辛い）、「**あたる**」（もらえる）、「**だやい**」（だるい）、「**あんま**」（長男）、「**だちかん**」（だめだ）、「**ちゃべ**」（おせっかい、おしゃべり）、「**いじくらしー**」（うるさい）、「**こわくさい**」（しゃらくさい）、「**はがやしー**」（もどかしい）、「**しょわしない**」（きぜわしい）、「**くどく**」（愚痴る）、「**あいそんない**」（つまらない）などが挙げられます。

　これら全部を使ってちょっと会話文を作ってみましょう。


「あんた、そくさいにしとったがけ」

「なーん、ういが」

「そうけ、そこにねまられ」

「つかえんちゃ」

「どうしたがいね」

「うちおっても、くどいおかずしかあたらんが。体、だやてだやて」

「あんまに言うたらいいがんないがけ」

「なーん、だちかんちゃ。ちゃべちゃべといじくらしー、いうて怒るだけやがいね」

「こわくさいこと言うがやね。はがやしーなるちゃね」

「そんなが。しょわしなけれど、くどいたからもう行くちゃ」

「そうけ。あいそんなて、かんにしられ」

「なーん、なーん」


お年寄りが近所の友だちの家に愚痴を言いに立ち寄ったというシチュエーションになってしまいました。なかなかネイティブらしくするのは難しいです。この中で、富山県人の神髄を突いている言葉は「はがやしー」じゃないかと思っています。直訳すれば（はがゆい）ですが、悔しいときや腹立たしいときに口にする言葉です。（ちきしょー）（くそー）のようにも使います。普段は温厚ですが、内に激しい感情をためている富山県人の心情が言葉になってこぼれ出ているような気がします。

個人的に好きな富山弁は他にいくつもあります。「**もーも**」（お化け）、「**おぼくさん**」（仏壇に供えるご飯）、「**こちょがしー**」（くすぐったい）、「**つまんこ**」（くじ引き）、「**だんこちん**

こ」（互い違い）。なんだか、口に出してみるとユーモラスでかわいらしい感じが好きです。

子どものころ3年ほど大阪で暮らしていました。子どもの私はすぐ大阪弁に染まってしまいましたが、母はバリバリの富山弁で通しきりました。それでいて友だちもたくさんつくっていました。もともと感情表現豊かだった母ですが、富山弁で周囲の人たちと堂々とコミュニケーションを取っている姿に感心したものです。大阪の人たちの懐の深さがあったからかもしれませんが、大阪の人たちを富山弁で笑わせていた母はすごいと思いました。同級生にも「おまえんとこのおかん、おもろいな」と言われてうれしかったです。なんせ大阪はおもろいの価値が最上位です。

おかげで方言は恥ずかしいという偏見はなくなりました。私の富山弁は母の言葉遣いを思い出しながら再現しているところがありますが、今ではだんだん記憶が薄れてきています。逆に中途半端にしかしゃべられないのが恥ずかしい。ちゃんとした富山弁を雷鳥のお姉ちゃんに教わりたいです。

3　食の王国

おいしいものを食べたとき、誰でも幸せを感じるのではないでしょうか。もし富山県の幸福度を考えるとき、食の魅力は絶対に欠かせない要素です。ここでは富山の食について語っていきたいと思います。

▼海の幸

富山湾の魚が最大のセールスポイントであることに議論の余地はありません。まず冬に旬を迎える**寒ブリ**。春から夏にかけ日本海を北上したブリが、秋から冬に脂ののった状態で南下し、富山湾を回遊するところを定置網で捕獲します。この定置網は400年以上前に氷見で発祥した漁法と言われています。この氷見漁協のブリがブランドとして有名です。毎年11月から12月に「氷見魚ブランド対策協議会」が「ひみ寒ぶり開始宣言」を出し、それ以降水揚げされた6キロ以上のブリを「ひみ寒ぶり」のブランド証明書付きで出荷しています。

もちろんブランド以外のブリもよく食べられています。富山県はブリの消費金額が全国1

位です。刺身、あらと大根を一緒に炊いた「ぶり大根」、照り焼きなどが代表的な料理。近年はしゃぶしゃぶで食べる「ぶりしゃぶ」も広まっていますが、これは私が子どものころにはなかった食べ方です。氷見の料理旅館が発祥だそうですが、トロより赤身が好きというような人には、余計な脂が落ちていいかもしれません。私は照り焼きが一番好きです。上質の脂がさした牛ステーキのようです。またブリの子どもで40～50センチのものはフクラギと呼ばれ、比較的安価なため、日ごろ家庭でよく食べられています。こちらも刺身、焼き、煮付けと万能です。ブリより脂が少ないですが、飽きが来ない魚として

氷見ブリ

県民に親しまれています。

ブリと並んで有名なのは**ホタルイカ**。富山の春の風物詩であります。3月から5月の産卵期になるとホタルイカは深海から一斉に浮上し、沿岸に押し寄せてきます。夜明け前の暗闇に、発光器を持ち青白く光る数百万匹のホタルイカが浮遊するさまは幻想的です。常願寺川河口から魚津港にかけて沿岸は「ホタルイカ群遊海面」として国の特別天然記念物に指定されています。指定は海面に対してですから漁はできるのです。シーズン中は滑川漁港からホタルイカ漁を見学する観光船も出ています。ホタルイカの不思議な生態を知りたい方は、滑川市の「ほたるいかミュージアム」で学ぶことができます。

水揚げされたホタルイカは産卵期なので、身はプリプリで中はトロっ。生で食べてはいけません。茹でて、酢味噌などで食べるのが一般的です。個人的には子どものころ、さんざん食べたので、今は少しだけ食べて、季節を味わう程度です。しょう油に漬けた沖漬けやイカスミと和えた黒作りなどの加工品が、酒の肴として絶品です。

富山県は「富山県のさかな」として3種類を選定しています。ブリとホタルイカ、そして富山湾の宝石と呼ばれる**シロエビ**です。といってもこんなに有名になったのは１９９０年代以降ではないでしょうか。私が子どものころは出汁をとるぐらいしか用途がなかったと思います。小さくて殻をむくのに手間がかかるので、身を食べることはありませんでした。初めて自覚して食べたのは大人になってから。シロエビの刺身や天ぷらを食べて、おいしいなあと感心しました。刺身はしっとりとしてほんのり甘く、くせがありません。天ぷらは香ばしくてうまみが強く、食べ始めると止まらなくなります。

シロエビは急流河川によって形成された「あいがめ」と呼ばれる富山湾特有の海底谷に生息していて、まとまった量がとれるのは富山湾だけです。漁期は4月から11月に限定されています。漁獲量も400~500トンと多くありません。宝石の名の通り貴重な食材です。

これら代表的な魚以外にも、富山湾は魚の宝庫です。日本海にいる約800種類の魚のうち富山湾で約500種類がとれると言われています。水温差が大きく暖流系、寒流系両方の魚が生息可能です。また急激に深くなる地形によって、漁場が漁港から近くにあるため、新鮮なうちに市場に出せることも利点となっています。

秋から冬にかけては**ベニズワイガニ**が旬。おいしさは言わずもがなでしょう。**甘エビ**、**ノドグロ**、**タイ**、**ヒラメ**、**カワハギ**、**イカ**などおすすめはたくさんあります。変わり種では**バイ貝**。噛むほど旨みが増します。煮付けが代表的な料理で、居酒屋の定番メニューです。またゲンゲと呼ばれる深海魚も珍しい魚です。体表が寒天のようなゼラチン質で覆われていて、大きなジュンサイのようです。昔は網にかかっても捨てられるような魚だったそうですが、近年は汁物や揚げ物として食べられることが多くなりました。身は淡白でタラのようです。

冷蔵・冷凍の技術や輸送の発達で、今や東京などでも富山湾産の魚を食べることができるようになりました。それでもとれたてには鮮度で負けます。そしてお値段も。富山ではスーパーにその日の朝に揚がった魚が並び、家庭で高級店なみの魚が食べられます。富山湾が「天然のいけす」と言われるゆえんです。

リーズナブルな値段の回転寿司でもネタのレベルは高い。昔から回転寿司店の駐車場には岐阜ナンバーの車が多く止まっていました。北陸新幹線開通以降は、富山に寿司を食べにくる観光客が増えています。最近では県内55店の寿司店（回転していません）が協力し、共通のコンセプトで「**富山湾鮨**」というセットメニューを出しています。地魚と県産米だけを使った10貫セット（季節、店によってネタは違います）で、２０００~３５００円（税別）と手ごろなお値段になっています。ぜひ一度お試しください。

▼ます寿司

人気の駅弁として全国に知られています。「ますのすし本舗　源」のマスの絵が描かれたパッケージを思い出す人が多いかもしれません。絵は洋画家中川一政さんによるものだそうです。駅弁として広めたのは「源」ですが、もともと富山伝統の郷土料理です。かつて富山藩が8代将軍徳川吉宗に献上し称賛されたという話が伝わっています。神通川でとれたサクラマスを使った押し寿司で、現在は主に北洋産のサクラマスが使われています。わっぱの中に敷き詰めた緑色の笹とピンクのマス、白い酢飯の組み合わせは、色鮮やかで食欲をそそります。生産業者は県内に数多くあります。うち県が推奨する「とやまブランド」のます寿司の認定業者は現在27業者。富山ます寿し協同組合には富山市内の13店が加盟しています。

私自身、子どものころ、ます寿司を頻繁に食べた記憶はありません。贈答品や手土産で贈ったり、もらったりして食べるものというイメージです。でも、ときどき無性に食べたくなります。味がついているのでそのまま食べるのが通常ですが、私はちょっとだけしょう油をつけるのが好きです。マヨネーズをつける強者もいましたが、ツナマヨおにぎりみたいで、あまりお勧めしません。

ます寿司のお店は家内工業の老舗が多く、それぞれに伝統のこだわりがあります。マスの締め具合や身の厚さ、酢飯の固さや甘さなどが微妙に違っていて、家庭ごとにひいきの店があります。私は昔から青山総本舗のます寿司が好きですが、全店試したわけではありません。

東京にあるアンテナショップ、「いきいき富山館」と「日本橋とやま館」には、いろいろな店のます寿司が富山から日替わりで入荷しているので、ぜひ食べ比べをやってみたいと思います。富山市には「源」の「ますのすしミュージアム」があり、工場見学や手作り体験もできます。みなさんもいろいろ食べて、好みの味を見つけてみてください。

▼昆布とかまぼこ

江戸時代に北前船で北海道から越中に昆布が入ってきて以来、人々は昆布に魅せられてきました。２０１６年の総務省の家計調査によると、都道府県庁所在市別で**富山市の昆布年間消費額は全国でも突出した1位**となっています。富山県民の昆布愛はとても深いのです。

まずは昆布締め。魚の刺身に塩を振り、昆布ではさみ寝かせると、余計な水分が抜けて身が締まり、昆布から旨み成分が移ります。ダブル効果でおいしさが増す調理法です。生より保存が効くのも利点です。種類もたくさんあります。もちろんタイやヒラメなどの白身魚の昆布締めはとてもおいしいのですが、県民にとって最もポピュラーなのは、**サス（カジキ）の昆布締め**でしょう。食卓に上る率が一番高いのがこれです。また高級品ですが、とろろ昆布を使った**シロエビの昆布締め**も絶品です。昆布締めは、そのままで食べても、好みでわさびしょう油をつけてもＯＫ。酒の肴に最高の一品です。

次はおにぎり。コンビニのおにぎりコーナーの棚を見ても分かるように、おにぎりは海苔をまくのがスタンダードです。しかし、富山では海苔ではなく、削り昆布であるとろろ昆布をまぶすのが一般的です。これは家庭でもお店でも変わりません。運動会や行楽先で、具は違えども、皆が**とろろ昆布のおにぎり**をほおばっています。バリエーションと言えば、昆布が白とろろか黒とろろかの２択。白は昆布の芯に近いほうを削ったもの。黒は昆布の表面に近いほうを削ったものです。昆布は表面が酢で加工されているので、黒とろろのほうが、ちょっと酸味があって大人の味です。富山県産のコシヒカリによく合います。

考えてみると、昆布はすばらしい食材です。和食の基本となる出汁を取れるだけでなく、さまざまな使い方ができます。富山県出身の女優の柴田理恵さんは、昆布好きが高じて昆布活用術のレシピ本を出しています。昆布の産地として有名な北海道羅臼町から「昆布大使」を委嘱されているほどです。

魚を昆布で巻いて甘辛く煮る**昆布巻き**も富山で愛されていますが、かまぼこもまた昆布巻きにするのが富山流です。魚のすり身を昆布でぐるっと巻き、蒸して仕上げる「**昆布巻きかまぼこ**」は、江戸時代からある名産品です。その断面は、「なると」のように昆布が渦巻き

各メーカーのます寿司

富山湾鮨

細工かまぼこ

さすの昆布締め

模様を描いて見えます。これに合わせ、昆布の代わりに赤や青に着色した薄いすり身で巻き、渦巻き模様を描いた「**色巻きかまぼこ**」も作られるようになりました。これらが富山かまぼこの基本形です。ですから小田原かまぼこなどのように、すり身を板に盛って蒸す板かまぼこには、なじみがありません。県外に出て、板かまぼこに初めて出合ったときは戸惑いました。まず板からどうやってはずしたらいいのか、はずした板は何に使うのか、謎だらけでした。

富山のかまぼこのもう一つの特徴は、**細工かまぼこ**です。着色したすり身を使って鯛や松竹梅など、おめでたいものに見立て、成形した手作りかまぼこです。披露宴の引き出物の定番として有名。子どものころ、父親が引き出物として巨大な赤い鯛のかまぼこを持ち帰ると大変でした。近所におすそ分けしてもかなりの量が残ります。しばらくは食卓にかまぼこが出る日が続きました。今では、いろいろな種類のかわいい小型の細工かまぼこも作られていて、お土産に最適です。

▼富山ブラック

全国のラーメン好きに**富山ブラック**の呼び名が広がり始めたのは2000年ごろだと思い

ブラックラーメン

ます。元祖は富山市にある「**西町大喜**」。西町の交差点近くの路地にあるレトロな雰囲気の店です。子どものころ、何度か食べたことがありますが、とにかく塩辛くてびっくりしました。塩分で体の水分が全部持っていかれるぐらい強烈でした。真っ黒なたまりしょう油のような色の鶏・豚系スープに太めの麺、チャーシュー、シナチク、大量のネギにたっぷり黒コショウ。塩辛いけどうまい。体に悪いと思いつつ、スープを飲んでのどが渇く。また欲しくなって飲んでの繰り返し。癖になるラーメンでした。

戦後、体を動かし汗をかいた労働者のため、家から持参した白飯弁当や握り飯のおかずになるようにと、創業者が考案されたそうです。なるほど、汗で失った塩分補給にもなるおかずラーメン。そのコンセプト通り、当時の大喜のメニューにライスはありませんでした。創業者が亡くなられて、別の経営者が店を引き継いでからは、支店もいくつかできました。また創業者のお弟子さんの店やのれん分けの店、大喜にインスパイアされつつ魚介系スープなど独自の工夫を加えた店などがあって、さまざまなタイプのブラックラーメンを食べることができるようになりました。

今はどの店もメニューにライスがあって助かります。行儀悪く、麺を白いご飯にバウンドさせながら食べるのが好きです。確かにご飯と一緒になると塩辛さが中和されて、ぐっと食べやすくなります。ただし、トータルの塩分量が減るわけではありません。さらに、ご飯のカロリーが上乗せされるので、メタボが気になる方は覚悟して食べてください。

ブラックラーメンの成功で、県内各地ではブラウン、レッド、ホワイト、グリーンの各ラーメンが創作されるなど、町おこしに活用されています。**カラーラーメン**と総称していますが、まだブラックほどの知名度は獲得できていないようです。

近年、個性的なラーメン店が出てきた富山県ですが、もともとそんなにバリエーションは多くありませんでした。ラーメンに関しては、まだ発展途上といっていいと思います。そんな中、昔から安定した人気を集めてきたのが「**8番らーめん**」です。県内に約30の店舗があり、主力商品は野菜らーめん。タンメンのように、しゃきしゃきの炒め野菜がたっぷりのっているのが特徴です。北陸を走る国道8号線から名前が取られたそうで、富山県のお店だと思っている人もいるのですが、こちらは石川県加賀市が発祥の地。現在、金沢市に本社を置くフランチャイズチェーン店で、北陸3県を中心に展開し、タイ、中国など海外にも進出しています。万人受けするというのは、好みの個人差が大きいラーメンでは難しいこと。チェーン店といえども侮れません。立派です。

▼もち

富山県民のもち好きは、消費額が全国4位ということからも裏付けられます。お正月に限らず、お祝い事などでおもちは欠かせません。お嫁さんの実家から嫁ぎ先にもちを贈る風習も多く残っています。富山県で品種登録された稀少な高級品種の「**新大正もち米**」が多く栽培されており、これが粘りとコシと風味のあるもちとなります。

もちはいろいろな種類がありますが、オーソドックスな白もち以外に、黒豆が入った豆もち、そして県民大好きな昆布を刻んで入れた昆布もちが定番です。正月のお雑煮は白もち。西日本は丸もち、東日本は角もちと言われますが、富山は角もちで東日本風です。お雑煮でなく、焼いて食べるときは、豆もちや昆布もちの出番です。どうしたって正月は太ります。

また、もち米の加工品である、おかき・あられも大好き。お隣の新潟県は、うるち米を使ったせんべいの「せんべい大国」ですが、富山県はもち米を使った**おかき・あられがメー**

ンとなります。呉西ではかきやまと呼ぶことがあり、南砺市が有力産地として知られています。おかき・あられも豆や昆布が入った商品がたくさん出ています。

もち菓子の中で、個人的に好きなのは「**ささぎもち**」です。あずきに似た「ささげ」という豆を煮て、白もちの周りにそのままぶしたものです。季節は夏。ほんのり塩味と豆本来の甘みが感じられる素朴な食べ物。あっさりしていて飽きがきません。主に富山県と石川県で食べられていますが、それ以外の地方ではほとんど見られません。帰省した時しか食べられない懐かしい味です。

4　名作の舞台

小説や映画などで富山県が舞台となった作品が数多くあります。私があだこうだいうより、これらの作品のほうが何倍も富山の魅力を伝えてくれています。ぜひ読んで、見てみていただきたいと思います。

▼文学

宮本輝さんは幅広いファンを持つ人気小説家です。富山とゆかりの深いことでも知られています。神戸市生まれですが、父親の仕事の関係で各地を転々とし、小学4年生の1年間だけ富山市に住んでいました。そのときの思い出をベースに執筆した小説『螢川』で1978年（昭和53年）に芥川賞を受賞します。この『螢川』と『泥の河』『道頓堀川』の3作品は「川3部作」と呼ばれるようになります。螢川とは富山市街を流れる「いたち川」。小説ではホタルが乱舞する幻想的な情景が印象的ですが、私は冒頭にある雪の夕暮れの描写が好きです。私が知る懐かしい富山の街の様子を見事にとらえています。『螢川』は87年に須川栄三監督、三國連太郎さん、十朱幸代さん出演で映画化されています。富山でロケされました。

また近年、宮本さんが地元の北日本新聞に連載していた長編小説『**田園発　港行き自転車**』は入善町、滑川市など県東部が舞台として登場します。旧北陸街道、立山連峰を背にどこまでも広がる水田、黒部川にかかる赤い愛本橋など、富山の風景が主役の一人とも言える作品です。

直木賞作家である**高橋治**さんの小説『**風の盆恋歌**』は、毎年9月1日から行なわれる「おわら風の盆」で知られる八尾町（現富山市）を舞台にした恋愛小説です。ぼんぼりの薄明かりの中、編み笠をかぶった男女が、哀愁を帯びた音色に合わせておわらを踊る姿は幻想的です。小説では、静かな情熱を帯びたこの祭りと大人の恋愛（不倫なんですが）がシンクロします。もともと松竹に助監督として入社し、多くの脚本を手掛けた高橋さんだけに、映像が浮かんでくるような描写に引き込まれます。

八尾町は養蚕業や和紙製造で栄えた山あいにある坂の町です。中心部にある諏訪本通りは、格子戸や白壁、石畳といった江戸時代の町並みの風情が残っており、おわらの唄と踊りがよく映えます。夏は軒下をツバメが低く飛び、さわやかな風が通り抜けます。冬は雪に深く埋もれ、静かに春を待ちます。おわら以外の季節にも、ぜひ訪れてみてほしい素敵な町です。

小説と同じモチーフで、石川さゆりさんが「風の盆恋歌」（１９８９年、なかにし礼作詞、三木たかし作曲）という曲を歌っています。しのび逢う恋です。また漫画で**小玉ユキ**さん作の『月影ベイベ』（全9巻）は、おわら風の盆をテーマに、高校生の恋愛を繊細に描いています。八尾が舞台ですので、町がリアルに登場し、せりふも富山弁です。

富山県出身の作家には、角川書店創業者、**角川源義**の長女で、『男たちの大和』『収容所（ラーゲリ）から来た遺書』などの作品で知られる**辺見じゅん**さん（富山市出身）がいます。また高岡市出身の**堀田善衛**さんは『広場の孤独』で芥川賞を受賞、国際的な視野で数多くの小説、評論を発表した知の巨人です。アニメ監督宮崎駿さんが敬愛し、強く影響を受けた作家と公言しています。戦後、サラリーマン小説で人気を集めた直木賞作家の**源氏鶏太**さんは富山市出身。森繁久弥さん主演の『三等重役』や『七人の孫』など多くの作品が映画化やドラマ化されました。これらゆかりの作家の業績や歴史については、富山市にある「高志の国文学館」で学ぶことができます。

個人的に忘れがたい作家の一人が**久世光彦**さんです。久世さんは東京生まれですが、戦中、戦後、父親の故郷である富山市で小学校から高校まで過ごしました。富山大学附属中学、富山高校から東京大学へ進み、ＴＢＳに入社、ドラマの演出家として活躍しました。『時間ですよ』シリーズや『寺内貫太郎一家』『ムー一族』などドラマ史に残る画期的な作品を手掛け、脚本家だった向田邦子さんとも数多く仕事をして親交を深めました。余談ですが東京の銭湯を舞台にした「時間ですよ」シリーズでは、森光子さんが演じた主人公のおかみさんのルーツが富山という設定がありました。実際のところ、東京の銭湯経営者は昔から富山、石川の出身者が圧倒的に多かったそうです。

久世さんはTBS退社後、小説やエッセイ、作詞も手掛けます。小説『一九三四年冬—乱歩』で山本周五郎賞を受賞しています。コメディータッチだったドラマとは違い、久世さんの文章には、懐かしさと妖しさと美しさがありました。富山の思い出を綴った**『時を呼ぶ声』**というエッセイ集が刺さります。その中で富山大空襲に遭った少年時代の久世さんが、命からがら逃げながらも、街を焼き尽くす炎と銀色に輝く爆撃機の編隊に美しいと感じたことを告白しています。惨劇の中でも美しいと感じてしまう矛盾した人の心の不思議さを伝えています。

久世さんは歌手香西かおりさんの代表曲で1993年にレコード大賞を受賞した「**無言坂**」の作詞も手掛けました。作曲は玉置浩二さんです。一説では久世さんが通った富山市五艘の富山大学附属中学近くにある坂がモデルと言われています。そうだとすると、呉羽山の中腹にある長慶寺の五百羅漢へと上っていく坂ではないかとひそかに思っています。さまざまな表情をした500体を超える石仏が、立山連峰を望むように段々に並んでいます。春には桜が咲き、眼下には銀嶺を背にした富山の街が広がります。「無言坂」は悲恋を歌った曲です。羅漢さまに願掛けするため坂を上っていく女性の姿が思い浮かぶのです。2006年に久世さんは急逝されました。正解を知るすべはありません。

▼映画

入善町や朝日町などでロケされた映画『**少年時代**』（1990年）は、戦中の富山の田園地帯が舞台です。「夏が過ぎ　風あざみ♪」と井上陽水さんが歌った同名の主題歌が有名です。もともと芥川賞作家柏原兵三が戦時中、入善町に疎開したときの体験を基に書いた小説『長い道』が原作で、朝日町に疎開した体験を持つ藤子不二雄Ⓐさんが漫画化し、映画化されました。篠田正浩監督がメガホンを取り、藤子不二雄Ⓐさんも企画・製作で参加しています。都会から疎開してきた少年と地元の少年たちの葛藤を、いじめや裏切りや友情を交え、叙情的かつほろ苦く描いた佳作です。日本アカデミー賞で最優秀作品賞と最優秀監督賞を受賞しています。見渡す限りの田んぼと小学校の木造校舎へと続く一本道。郷愁を誘う美しい映像が心に残ります。

富山市出身の本木克英監督が手掛けた『**釣りバカ日誌13　ハマちゃん危機一髪！**』（2002年）は主な舞台が富山県。脚本を手掛ける山田洋次監督の国民的人気シリーズ『男はつらいよ』では、全48作品で一度もロケ地にならなかった数少ない県の一つでした（他は高知県と埼玉県）。寅さんが来なくて寂しい思いをしていましたが、同じ松竹の人気シリーズでハマちゃんとスーさんが来てくれました。宇奈月温泉と黒部峡谷鉄道のトロッコ電車、立山黒部アルペンルートの雪の大谷、砺波市の散居村や南砺市の井波彫刻、富山市の老舗製薬業の広貫堂や池田屋安兵衛商店、黒部市の石田フィッシャリーナと富山湾……。富山の見どころをふんだんに織り込んでいて、絶好の観光案内にもなっています。

出演は主演の西田敏行さんと三國連太郎さんのほか、鈴木京香さん、丹波哲郎さん、小澤征悦さん。地元富山県出身の左時枝さん、梅津栄さん、早勢美里さんらが脇で出演し、立川志の輔さんもちらっと出てきます。恒例の宴会シーンでは西田さんのハマちゃんがホタルイカ姿で踊ってくれます。楽しいコメディー作品です。

一方、日本映画界を代表するカメラマンの木村大作さんが初監督を務めた『**劒岳　点の記**』（09年）は、新田次郎原作で明治初期に立山連峰の劒岳の測量に挑んだ男たちを描いた作品

五百羅漢　ここに至る坂が「無言坂」のモデル？

剱岳

です。出演は浅野忠信さん、香川照之さん、松田龍平さんら。木村監督は雄大な自然を撮れば右に出る者がいないカメラマンですが、ここでは立山連峰の厳しく美しい自然を存分に映像に収めています。ロケ期間は200日以上。CGではない本物の自然があります。木村監督は初監督作ながら日本アカデミー賞で最優秀監督賞に選ばれました。撮影の前後を通じて富山に長く滞在、地元放送局の番組にも出演して富山県民にもおなじみの顔となりました。

木村監督もすっかり富山好きになってくれたようで、2本目の監督作『**春を背負って**』（14年）でも、立山を舞台に山小屋を営む父と跡を継ぐ息子の物語を撮りました。松山ケンイチさん主演で、変わることない自然とそこで生きる家族の姿を描いています。さらに最新の監督作、葉室麟さんの時代小説を映画化した岡田准一さん主演の『**散り椿**』も富山でロケが行なわれています。

また監督だけでなく、カメラマンとして加わった降旗康男監督の作品で、岡田さん、小栗旬さん出演のサスペンス映画『**追憶**』（17年）もまた八尾など県内各地が舞台となっています。降旗監督作品で言えば、高倉健さんの最後の映画となった『**あなたへ**』（12年）も富山からロケが行なわれました。健さんは富山刑務所の指導技官という役で妻の死後、妻の故郷長崎へ向けて旅する姿を描いたロードムービーです。いずれも現在の富山県が映し出されています。

高岡の街がフィーチャーされている作品には『**8月のクリスマス**』（05年）があります。長崎俊一監督、山崎まさよしさん主演。韓国映画のリメークで、淡く悲しいラブストーリーが高岡の街並みとともに描かれています。主人公が営む写真館があるのは高岡市金屋町。加賀藩の前田利長が鋳物師を集めて住まわせたことから、伝統工芸の銅器づくりの中心となりました。千本格子造りの町家と石畳が続く美しい町です。この金屋町と土蔵造りの家並みで知られる山町筋は、全国115カ所ある国の重要伝統的建造物群保存地区にそれぞれ選定されています。

映画では万葉線の路面電車が走る片原町や御旅屋通りのアーケード商店街、古城公園や大手町の坂など高岡の街がさまざまな場面で登場します。切ない物語と相まって街の風景が郷愁を誘います。高岡の魅力を十分に引き出した作品です。

射水市（旧新湊市）を舞台にした映画には『**人生の約束**』（16年）があります。石橋冠監督は映画初監督ですが、日本テレビなどでドラマの演出を長年手掛けてきました。『2丁目3番地』『池中玄太80キロ』『菊次郎とさき』などの代表作があります。妻の出身地で、第2の故郷として親しんできた新湊を初監督作の舞台に選んだそうです。竹野内豊さん、江口洋介さんのほか、かつての池中玄太役で石橋監督の盟友である西田敏行さんや『菊次郎とさき』

高岡市の金屋町の街並み

新湊曳山まつり

の原作者だったビートたけしさんが出演。室井滋さんや立川志の輔さんも登場します。

物語は利益を求め強引に突っ走ってきたIT関連企業の経営者の主人公が、たもとを分かった親友の故郷である新湊を訪れ、親友の死を知るところから始まります。主人公は親友の娘や地元の人々とかかわりあうことで、次第に自分の人生を見つめ直し、失ったものの大切さを知ります。親友の遺志を継ごうとする主人公とともに、物語は地元の新湊曳山まつり（放生津八幡宮祭）のクライマックスに向かって進んでいきます。

放生津は1493年の明応の政変で京を逃れた室町幕府10代将軍の足利義材が一時期幕府を置いた歴史のある土地です。内川という風情ある運河があります。富山湾有数の大きな漁港であり、とにかく寿司がうまい。また人々のハートが熱い土地柄として知られています。1986年（昭和61年）の選抜高校野球で新湊高校がベスト4に進んだ大会で、空前の大応援団が甲子園に駆けつけ、新湊の町から人がいなくなったと言われたほどでした。映画はそんな人々の絆が濃い町を舞台に、静かな感動をもたらす作品です。

氷見市を舞台に高校生の男女の青春の輝きを描いたのが、中村蒼さん、山下リオさん主演の**『ほしのふるまち』**（2011年）。原秀則さんの同名漫画が原作です。観光地ではないけれど美しい氷見の何気ない風景が舞台となっています。ほかにもカンヌ映画祭で最高賞パルムドールを受賞するなど日本映画界を代表する巨匠の今村昌平監督も氷見を舞台に『**赤い橋の下のぬるい水**』（01年）を撮っています。カンヌのコンペティション部門にも出品されました。役所広司さん、清水美砂さんが出演。こちらも氷見の日常の風景が映し出されています。

一方、呉東を舞台にした映画が『**RAILWAYS　愛を伝えられない大人たちへ**』（11年）。県東部を走る富山地方鉄道の運転士が主人公の物語です。三浦友和さんが定年間近の運転士、その妻を余貴美子さんが演じています。夫の定年をきっかけに看護師として再び働こうとする妻。うまく思いを伝えられない熟年夫婦が、再びお互いを見つめ合う姿を描いています。全編富山弁のせりふが少しこそばゆくもありますが、三浦さん演じる寡黙な夫と余さん演じる芯の強い妻が、とても富山の夫婦らしく感じられます。

この映画のもう一つの主役は「地鉄」の略称で呼ばれる富山地方鉄道の電車です。私も通学で毎日乗った電車で、懐かしさいっぱいです。自動車が中心になった今は乗客数も減って、本数も少なくなりました。本線（電鉄富山〜宇奈月温泉駅）、立山線（寺田〜立山駅）、不二越・上滝線（稲荷町〜岩峅寺駅）に分かれますが、いずれも生活に欠かせない線であると同時に宇奈月温泉や立山に観光客、登山客を運ぶ主要鉄道です。車両は地鉄オリジナルなものもありますが、西武鉄道や京阪電鉄などから譲り受けた車両も一緒に走っています。その事情を知らなかった昔のこと、京都から大阪へ向かう京阪特急のテレビカーに乗ったとき「なんで地鉄の電車が走っているの?」と不思議な気持ちになりました。ドラマだけでなく鉄道

富山地方鉄道(元西武鉄道レッドアロー)

富山地方鉄道(左は元京阪電鉄テレビカー、
右は地鉄オリジナル車両)

好きも楽しめる作品です。

　他にも古い作品で黒部ダムを建設した男たちを描いた石原裕次郎さん、三船敏郎さん主演の**『黒部の太陽』**（1968年）が有名です。同じ黒部ダムでロケした織田裕二さん主演のアクション映画**『ホワイトアウト』**（2000年）もあります。また漫画原作でアニメにもなった実写版の青春映画**『アオハライド』**（14年）も富山県の各地でロケが行なわれています。主演の本田翼さん、東出昌大さんが、自分がよく知る場所で躍動しているのをスクリーンで見るのは不思議な感じがします。最新作では、松本潤さん、有村架純さん主演の**『ナラタージュ』**（17年）が、高岡市や射水市でロケしました。教師と元教え子の禁断の愛。朝ドラ女優が大胆演技でイメージチェンジしています。

　最後にアニメ映画**『おおかみこどもの雨と雪』**（12年）を挙げておきます。細田守監督は富山県上市町出身。『時をかける少女』『サマーウォーズ』で知られる日本アニメ界を代表する監督です。『おおかみこどもの雨と雪』も大ヒットしましたが、その舞台となったのが、監督の故郷で立山連峰の麓にある上市町とその周辺です。

　平凡な女子大生がおおかみ男の青年と結婚し2人の子どもを産みますが、夫は事故であっけなく亡くなってしまいます。おおかみに変身してしまう子どもたちを、東京では育てられず、母と娘、息子の3人は田舎へ移り住み、身を隠すように暮らし始めます。豊かな自然の中で、子どもたちはのびのびと成長していきます。3人が住む古民家をはじめ、棚田や商店など実在のものが、そのまま描かれています。美しい立山連峰の山並みと雄大な自然もそのままです。上市町は、ファンが舞台となった場所を訪れるいわゆる〝聖地巡礼〟の地になっているそうです。実は映画の前半、東京での場面には国立市の風景が数多く登場します。私自身、国立に住んでいたこともあるので、ダブルでうれしくなりました。

先頃、アニメツーリズム協会（富野由悠季会長）が発表した全世界のアニメファンが選んだ「**訪れてみたい日本のアニメ聖地88**」で、富山県からはこの『おおかみこどもの雨と雪』の舞台となった上市町、氷見市潮風ギャラリー（藤子不二雄Ⓐアートコレクション）がある氷見市、富山県にあるP．A．WORKS（ピーエーワークス）制作の『ｔｒｕｅ　ｔｅａｒｓ』の舞台となった南砺市の3カ所が選ばれました。

心に刺さった作品があれば、みなさんも聖地巡礼に訪れてみてはいかがでしょうか。

5 富山市今昔・ルポ

かつて中心街のデパートや商店街へ出かけるというのはハレの日の行事でした。今や車社会によって中心街が空洞化し、シャッター通り商店街が顕在化しているというのは地方都市共通の課題となっています。富山市に育った私にとってもＪＲ富山駅前や西町《にしちょう》・総曲輪《そうがわ》といった繁華街へ行くことが最大の娯楽でした。しかし数十年の年月で繁華街も大きく様変わりしています。あらためて、昔よく通った懐かしい繁華街を歩いてみました。

富山駅周辺は北陸新幹線の開通で最も大きく変わりました。駅ビルが全面改築され駅前ロータリーもきれいに整備されました。かつて駅ビルは**ステーションデパート**と呼ばれ、お土産売り場や飲食店だけでなく、書店や歯科医、理髪店などさまざまな店舗が入った雑居ビルでした。駅前ロータリーは路線バスの発着場がメーンで、乗り場を伝えるアナウンスの声がひっきりなしに響き、喧騒の中でバスの排ガスのにおいが充満していました。

ロータリーの向こう側は須田ビルという雑居ビルとその裏に市場のような商店街がありました。戦後の闇市のなごりが感じられる場所でした。今、須田ビル跡は、富山ステーション

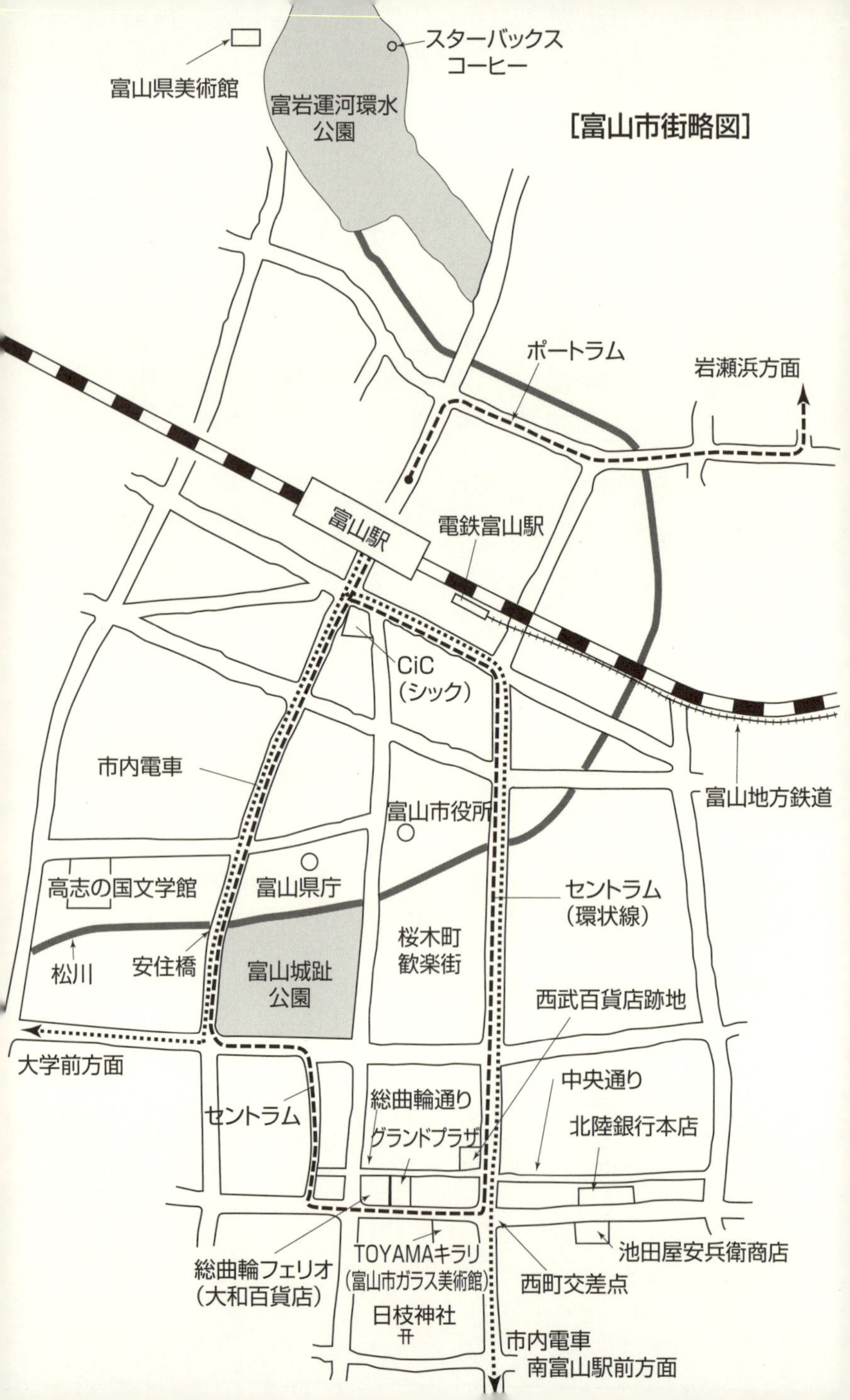
[富山市街略図]
富山県美術館
富岩運河環水公園
スターバックスコーヒー
ポートラム
岩瀬浜方面
富山駅
電鉄富山駅
CiC（シック）
富山地方鉄道
市内電車
富山市役所
高志の国文学館
富山県庁
セントラム（環状線）
松川
安住橋
富山城址公園
桜木町歓楽街
西武百貨店跡地
大学前方面
中央通り
セントラム
総曲輪通り
グランドプラザ
北陸銀行本店
池田屋安兵衛商店
TOYAMAキラリ（富山市ガラス美術館）
総曲輪フェリオ（大和百貨店）
西町交差点
日枝神社
市内電車
南富山駅前方面

フロントＣｉＣ（シック）という複合商業施設になっています。裏にはお薦めしたい良い居酒屋がいくつかありますが、闇市の雰囲気はほぼありません。また道を挟んで東側には**シネマ食堂街**という成人映画館を中心に飲食店が並ぶ路地がつい最近までありましたが、残念ながらすでに取り壊され、なくなってしまっていました。新宿のションベン横丁のような昭和の色濃い路地で、若いころ、ここのおでん屋で日本酒を飲み、生まれて初めてベロベロに酔っぱらった思い出があります。フォークシンガーなぎら健壱さんの『町の残像』という写真エッセイをたまたま読んでいたら、シネマ食堂街のありし日の写真が載っていました。壊される前にもう一度見ておけばよかったと後悔しました。再開発で新しいビルが建つ予定だとか。駅前はまだまだ変わりそうです。

富山駅から南のほうへ行けば、富山市役所、歓楽街の桜木町と続き、さらに中心街の西町、総曲輪へと至ります。西町の交差点付近をはさんで、西は**総曲輪通り**、東は**中央通り**という二つのアーケード商店街が一直線に連なっています。かつては西町交差点角に大和百貨店があり、周辺に西武百貨店やユニーといった商業施設も集まっていました。昔はデパートに行って買い物をして、ご飯を食べるのが一番のぜいたくでしたから、本当に多くの人でにぎわっていました。総曲輪通りや中央通りの専門店も、買い物客でいっぱいでした。初めて自分でレコードを買った楽器店、初めて親に腕時計を買ってもらった時計店やスーツを仕立ててもらった紳士服店、買い物帰りに必ず立ち寄った喫茶店と、個人的な思い出があふれています。

学生のころは書店と映画館が主な立ち寄り場所でした。この辺りだけで当時9館ほどの映画館がありました。中学、高校時代は、映画館に通ってばかりいました。特に中央通りにあった洋画専門の「**タカラ劇場**」はホームグラウンドで、上映された映画はすべて観ていました。勉強はあまり好きではなかったですが、映画からたくさんのことを学びました。私にとって映画館は第二の学校のような場所でした。

久方ぶりに総曲輪通りと中央通りを歩いてみました。やはり大きく様変わりしています。まず西町交差点にあった大和百貨店は総曲輪通りの西側に移転して、総曲輪フェリオという複合商業施設として生まれ変わっています。隣接してガラス張りの天井を備えた野外広場グランドプラザがあり、さまざまなイベントが行なわれているようです。南方向を見ると路地の突き当りに山王さんと呼ばれる日枝神社の赤い鳥居があります。毎年5月31日から3日間の山王祭は県内最大のお祭りで全国最多クラスの屋台が出てにぎわいます。

大和百貨店富山店

総曲輪フェリオとグランドプラザ

中央通りアーケード入口

日枝神社の赤い鳥居

街の中心は大和百貨店の移転とともにフェリオ辺りに移った印象です。しかし、かつてほどの人通りはありません。さまざまなイベントを行なうなど工夫をされているようですが、郊外店に移った客を取り戻すのは簡単なことではありません。老舗の多くは別の店になっていました。思い出の楽器店と紳士服店は健在でしたが、時計店、喫茶店は廃業されたようです。学生のころグルグル巡回していた書店と映画館はすべてなくなっていました。映画館の看板だけ残っている風景を見ると切なくなりますが、総曲輪通りの西端に新たにシネコンができていて少し救われた気分でした。

一方、フェリオのある総曲輪通りに比べ、中央通りの人通りの少なさが気になります。商店の合間にところどころマンションが建ち、商店が連なっていません。中央通りの東端、中教院前にはかつて長崎屋やスーパータイヨーなどがあり買い物客でにぎわっていました。七越の本店もありました。甘み処のチェーン店で、他県でいわゆる今川焼と呼ばれるあずき餡の七越焼は、富山市民のソウルフードです。ここで七越焼を買って映画を見るのがルーティンでした（富山駅ビルの特選館内に七越の店舗が入っているので、七越焼は今でも食べることができます）。中教院前は夏の夜店のにぎわいでも有名で、懐かしい場所だっただけに、余計寂しく感じます。中央通りには北陸銀行が本店を構えています。このままで終わらせて

西町交差点

はいけないでしょう。

総曲輪通りの東端の西武百貨店跡地に商業施設を含む高層マンションが建設される予定だと知人に聞きました。さらに街の姿は変化していくようです。個人的なノスタルジーは大切に胸にしまいつつ、中心街がにぎわいを取り戻してくれることを切に願っています。

第3章 逆襲は始まっている

富山がどんなところか、いろんな角度から見てきました。地味と言われつつ、かなり魅力的なコンテンツが詰まった県ではないかと、思っていただければうれしいです。では後は何が必要か?と言われれば、発信する力ではないでしょうか。実はいろんなジャンルで既に全国にアピールしているものが生まれています。ここからはそのチャレンジの数々を紹介してみたいと思います。

1　コンパクトシティへの挑戦

富山県が車社会というのは前に触れましたが、確かに車があれば便利です。ロードサイド店舗と呼ばれる大型スーパーや飲食店が国道沿いに並び、住宅もどんどん郊外に広がりました。反比例して中心街は人口が減り、商業施設にも客が集まらずシャッター通りとなって次第にさびれていきます。空洞化は地方都市共通の現象で、富山市も例外ではありません。それどころか富山市は市街地の人口密度が県庁所在地の中で最も低い数字です。世帯当たりの自家用車保有台数全国2位、道路整備率全国1位（いずれも富山県）、戸建て住宅志向の強さ、世帯当たりの実収入の高さという特色が、住宅地の拡散を強力に後押ししたと言えます。

着飾って電車に乗って買い物の荷物を抱えて帰るより、家着で気軽に出掛け、ドアツードアで買い物できる生活は楽です。しかし高齢化社会となり、これから高齢者を中心に運転できない交通弱者は増え続けます。また国道沿いに商業施設が並ぶ風景は全国どこも全く同じで、街としての特色はありません。魅力がなければ観光客も訪れたいと思いませんし、若者も住んでみたいと思わないでしょう。さらに人口減少時代を迎え、郊外に広がった市街地は、行政にとっても事業やサービスを行き渡らせるにはお金がかかり、非常に効率が悪いというデメリットがあります。

その対策として、富山市が取り組んできたのが**コンパクトシティ化**です。ふるさと創生のため改正された中心市街地活性化法で、国が支援する自治体第1号として、2007年に青森市とともに富山市の基本計画が認定され、モデルケースと注目されてきました。

ざっくり言えば、公共交通機関を整備し活性化させ、その沿線駅を拠点にして住居、商業、事業所、文化施設などの都市機能を集中させるというものです。富山市がよく説明に使う例が、「団子と串」です。丸い団子は徒歩圏で、そこに都市機能を集め、団子同士を串である公共交通で結ぶイメージです。

まずは存続の危機にあったJR富山港線をライトレール（次世代型路面電車）化しました。第三セクターの運営会社「富山ライトレール」を設立。既存の軌道を利用しつつ路面1・1キロの軌道と5電停を新設し、ドイツ企業からライセンスを得て製造されたバリアフリーの低床トラム（路面電車）7編成を導入して、06年4月に富山駅北から岩瀬浜の7・6キロを開業しました。

名称は「**ポートラム**」。ポート（港）＋トラム（路面電車）から来ています。終点付近の岩瀬は富山市の北端の港町で、江戸時代に北前船の寄港地として栄え、昔の廻船問屋など古い町並みが今も残っています。ポートラムは運行本数を大幅に増やし、鉄道と連携する支線の役割のフィーダーバスも整備したことで、富山港線時代より乗客数を大きく増加させることに成功しました。鉄道ファンからも大きな注目を集めました。

さらに次は中心街の活性化のため、09年12月に既成の富山地方鉄道（地鉄）の路面電車を延伸するかたちで「**セントラム**」が開業します。地鉄の路面電車は市内電車（市電）の名で親しまれてきました。開業は１９１３年（大正２年）と長い歴史があります。最盛期には東西方向など６系統の路線がありましたが廃線が続き、富山駅を中心に南富山駅前を結ぶ線と富山大学のある市内西部の大学前を結ぶ２系統だけになっていました。そこで富山市は丸の内と西町を接続する単線の軌道０・９キロと３電停を新設、ポートラムと同型のトラムを導入し、富山駅から中心繁華街の西町、総曲輪をぐるりと周遊できる環状線の第３の系統、セントラムを誕生させました。運行は地鉄が行なっています。

翌年には、24時間利用可能なフランス生まれの自転車シェアリングシステム「アヴィレ」を導入。セントラムを補完するようなかたちで、中心街を自転車で移動できるようにしました。

セントラム

ポートラム

❖第３章　逆襲は始まっている…………116

ポートラム、セントラムともに、車両や電停の形や色に至るまでトータルデザインを景観に調和するよう徹底的にプランニングされており、ファッショナブルで落ち着いた雰囲気を出しています。

欧米の都市では路面電車やライトレールが街の景観と調和して走っている様子がよく見られます。特に米オレゴン州のポートランドは自然の美しさとライトレールなど公共交通機関を利用したコンパクトな街づくりで、全米でいちばん住んでみたい都市に選ばれるなど、高い評価を受けています。富山市もポートランドを成功モデルとして参考にしているようです。

▼評価される都市機能の集中

コンパクトシティ化には、もうひとつ都市機能の集中という事業が必要です。07年中心街の総曲輪に大和百貨店を中心とした**複合商業施設総曲輪フェリオ**が建設され、隣接してガラス屋根のある多目的広場グランドプラザがつくられました。ここではさまざまなイベントを行なっていますが、運営・管理しているのが「株式会社まちづくりとやま」。先に紹介した富山市の中心市街地活性化基本計画によって市や商工会議所など第三セクターでつくられた

富山市ガラス美術館が入る TOYAMA キラリ

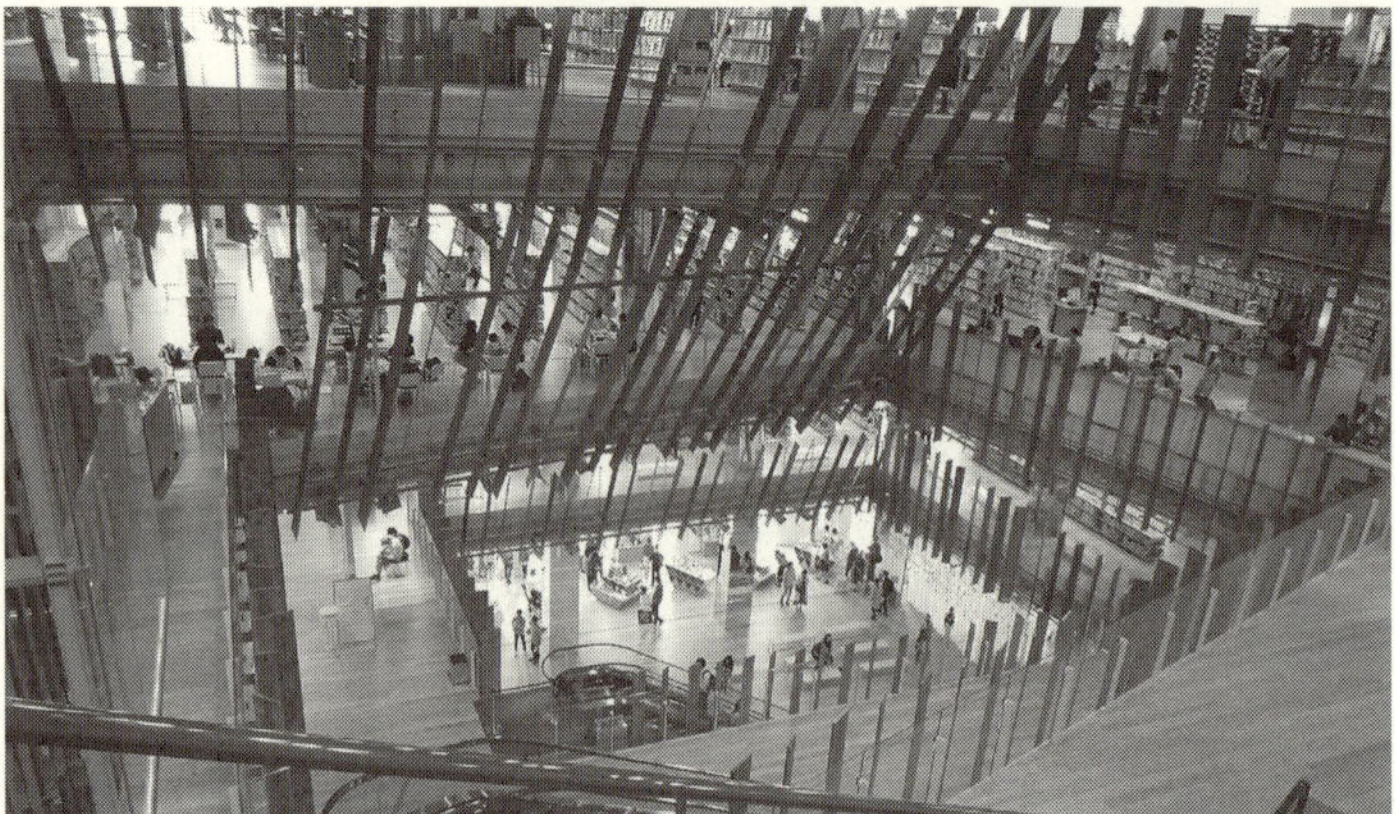

富山市ガラス美術館と市立図書館の内部

❖第３章　逆襲は始まっている…………118

タウンマネージメント機関です。中心街のにぎわいを取り戻す目的で、各種事業の支援を行なっています。

また大和百貨店の跡地である西町交差点角には**富山市ガラス美術館**、**富山市立図書館**、**富山第一銀行本店**が一緒に入居する10階建て**複合施設TOYAMAキラリ**が建設され、15年にオープンしました。建築家隈研吾さんらによる設計で、たくさんのパネルが貼られた外観は落ち着いた雰囲気で、日差しの加減で反射が変わり色合いも変化します。美術館と図書館が一緒になった内部は大きな吹き抜けとなっていて天窓から柔らかい木漏れ日が入り、木の板を使った内装は温かみがあり、とても居心地のいい空間となっています。

こうした広場や美術館、図書館といった人が集まってくる場所を建設しつつ、居住者も中心街に戻そうというのが、富山市の狙いです。民間資本を呼び込んで、中心街のマンション建設がかなり進みました。住宅取得の補助や家賃を助成する事業を組み込み、居住人口の増加を図っています。実際、富山市によると、11～16年の5年間に中心市街地の社会人口は693人増えました。わずか?と思う方もいるかもしれませんが、急速な人口減が進む地方ではなかなかないことです。

これら一連のコンパクトシティ化事業に対して、評価が高まっています。12年にOECD

（経済協力開発機構）によって**コンパクトシティの世界先進モデル５都市**に選ばれました。メルボルン、バンクーバー、パリ、ポートランドという、名だたる都市と並んで富山市が入っています。

また14年、国連の気候サミットで**富山市は日本で唯一、エネルギー効率改善都市**として認められました。同年には米ロックフェラー財団が、災害や社会問題に対し強靭でしなやかな都市づくりを支援するプログラム「１００のレジリエント・シティ」の世界１００都市に選出されています。日本では京都市と富山市だけです。17年には「**ジャパン・レジリエンス・アワード２０１７**（強靭化大賞）」（レジリエンスジャパン推進協議会主催）で「**コンパクトシティ戦略による富山型都市経営の構築**」が評価され、富山市がグランプリを受賞しました。

このほかクリエイティブな視点で生活文化の向上に貢献したものに贈られる日本ファッション協会主催の「**日本クリエイション大賞２０１０**」で大賞を受賞するなど、数多くの受賞歴を誇ります。

また第三セクターの「富山ライトレール」も07年、鉄道ファン最大の団体である鉄道友の会からブルーリボン賞（最優秀車両）を受賞するなど、これまでに11の賞を受けています。

富山市の事業は今後も続きます。富山駅の北部を走るポートラムと南部を走るセントラムをＪR富山駅内でつなぎ、相互に乗り入れられるようにする工事が行なわれています。これが19年に完成すれば、これまで富山駅で遮断されていた南北の交通が一気に貫通することになります。

また中心市街地のマンション建設も続いています。総曲輪通り東端の西武百貨店跡地に建設される23階建て店舗兼マンションが完成すれば、新たなランドマークになるでしょう。

ここまで富山市のコンパクトシティ事業は成果を収めてきました。特に全国への宣伝効果は大きかったのではないでしょうか。富山に関心を持つ人の数をいろいろな場面で増やしたと思います。また具体的な実績として、**ここ3年連続で富山市の地価は上昇し、人口の転入超過が続いているそうです。**森雅志市長の決断力と実行力は高く評価されます。

▼これからの課題

ただ、本当に真価が問われるのはこれからです。交通手段、建物、景観は整えました。しかしコンパクト化による効果は、まだ十分ではありません。中心街の拠点であるグランドプラザやガラス美術館ににぎわいはありますが、点でしかない。まだ面として、その周辺のににぎわいが広がっているように見えません。また中心街に住民が少し増えたとしても、郊外へ車で出かけて行くようでは効果がありません。

昔のにぎわいを知るものにとっては、失われたもののほうがずっとたくさんあるように見えてしまいます。もちろんなくなったものを戻すのは不可能ですが、それを忘れさせるような新しいものがなければ、人は集まってこないでしょう。器ができたら後は中身。ロードサイド店舗にはない魅力を持った店がたくさん生まれてくるようにならなければいけません。専門店でも飲食店でもここでしか買えない、食べられない、体験できないという店が集積していけば、居住者も観光客も勝手に集まってくるでしょう。それには役所ではなく民間のアイデア、特に若い人の発想が大事になってくると思います。若い人たちの頑張りに期待したいところです。

他にも、富山市の財政が大丈夫かという心配があります。公共交通機関への助成だけでも大変でしょう。中心街に税金を投入するということは、それ以外の地域に回す分は薄くなるということにもなります。富山市は非常に面積が大きく、郊外に住む人たちも多い。だからこそコンパクトシティ化を目指しているのですが、現在郊外に住む人たちに不満が出てこないかという心配です。市民のコンセンサスを得ているとしても、効果が目に見えて出なければ、すぐに批判を浴びるのではないでしょうか。

私自身は何もやらないよりやったほうがいいという考えです。既にここまで先進的な取り組みとして注目されたことで大きなメリットはあったと思います。富山市は戦災で市街地のほとんどを失い、再建した街です。歴史的建造物が少ないという観光地としてのマイナスもありますが、だからリニューアルしやすいというプラスもあります。昔の街の姿は懐かしいです。しかしこのままさびれて街自体が死んでしまうより、次の世代のために生まれ変わらせるほうがいいのは間違いありません。活気あふれる新しい街を期待したいと思います。

2　先用後利～薬売り

立川志の輔さんの創作落語に、故郷**富山の薬売り**を題材にした「先用後利」という作品があります。笑いあり人情ありで古典のような味わいです。江戸の紙問屋で、番頭が留守の間に富山の薬売りが薬箱を置いていったところから噺は始まります。丁稚の説明を聞いて番頭は驚きます。薬売りはお金を取らず帰って行った。半年後に来たとき、使った薬の分だけ代金をいただくと言っていたと。番頭は大いに怪しみます。そんな商売は聞いたことがないし、あり得ない。きっとどこかの隠密に違いない。今度来たとき、どんなひどい目に遭うか分からない、と大騒動が始まります。大笑いしながらも、噺の中に富山の薬売りの歴史がさりげなく織り込まれ、その「先用後利」という独特の商法の精神が分かるようになっています。

江戸時代に、この〝**売薬さん**〟と呼ばれる商売を起こし、全国展開させたのは富山藩でした。元禄時代、2代藩主前田正甫が江戸城で急な腹痛に苦しむ大名に、携帯していた丸薬「反魂丹《はんごんたん》」をのませると、たちどころに痛みが治まりました。それが大評判となり、各地の大名からぜひ売ってくれと頼まれたという伝承があります。それが売薬業を始めるきっかけだったとされていますが、背景には財政逼迫という経済的理由もあったようです。

加賀藩から分藩してできた富山藩は、本家から多くの家来を押しつけられ、当初から人員過剰で人件費がかかりました。また領地は十万石といえ、豊かなところは加賀藩に押さえられ、頻繁に起こる水害にも悩まされ、慢性的な赤字が続いていました。現金収入を得るための新しい産業の育成は必須だったため、売薬業の振興にとても力を入れたようです。

「**反魂丹**」は岡山藩の医師を招き、製法を学んだと言われています。製薬については、全国でも佐賀や滋賀（甲賀）、奈良（大和）など古い伝統がある地域がいくつもありました。その中で富山の薬が大きく発展したのは、やはり先用後利の商法によるところが大きいようです。先に客に薬を預けておいて、次回訪問時に使用した分の代金をもらうというこのシステムの始まりも、前田正甫の指示によるものと伝わっています。

「用を先にし利を後にし、医療の仁恵に浴せざる寒村僻地にまで広く救療の志を貫通せよ」

富山藩は藩外で自由に商売ができるよう当時、特例だった「藩外勝手」のお触れを出しました。その後「反魂丹役所」を設立し、半官半民的に産業を育成していきます。それによって薬売りたちは、柳行李をかつぎ全国の農村を中心に販路を広げていきました。

よその土地に行って、商品を預け商売するわけですから、大切なのは客との信頼関係でし

反魂丹の製造実演

さまざまな置き薬

た。特産品を持っていったり、旅の土産話をしたりして親しくなる。何度も通い、家族構成や薬の減り具合から見る健康状態など、その家のデータを蓄積することで、さまざまなアドバイスをしたり、相談に乗ったりというコンサルタント的な役割もやっていました。そうやって獲得した顧客の名簿と情報を記載したいわばデータベースである台帳が懸場帳《かけばちょう》です。最も重要な商売道具であり、これが代々伝えられ、また廃業時には高額で売買されたりしました。

販売が拡大すれば置き薬の製造も発展します。車の両輪です。和漢薬の原料は北前船で大坂から運ばれてきました。江戸時代後期には、薩摩藩が中国との密貿易で入手した漢方薬の原料が、北海道の昆布などと交換で富山に運ばれていたそうです。後に倒幕、明治維新の中心となる薩摩藩は密貿易で資金を作り、力を蓄えていったのですから、富山の薬がそれにかかわっていたのは、興味深い話です。

売薬さんが持ってくるお土産に、**おまけの紙風船**があったというのは、全国的によく知られています。それ以前の江戸時代後期から明治時代は、名所や役者を描いた錦絵（浮世絵）が有名だったそうです。**富山絵**（売薬版画）と呼ばれ、最初は江戸の浮世絵を印刷していましたが、後に専属絵師も育ち、独自の様式も生まれました。富山絵の印刷は、薬の紙袋や包装紙の印刷などとともに、現在に至る印刷業や製紙業の発展につながっています。

▼薬売りの影響力

考えてみれば、薬売りは現在の富山が成立するために、さまざまな貢献をしています。江戸時代、富山には**寺子屋文化**が発達しました。1700年代には日本三大寺子屋と呼ばれるほど大規模な寺子屋もあったそうです。売薬の行商には、読み書きそろばんは必須であり、さらに各地の地理や薬の知識も学ばなければなりませんでした。寺子屋の発達の背景には、こうした要請があったのではないでしょうか。教育県のルーツもここにあるのかもしれません。1894年（明治27年）には広貫堂など地元製薬会社が出資し**最初の薬学校（共立薬学校）**が誕生しました。この伝統は現在の**富山大学薬学部**へとつながり、同大学にある日本唯一の伝統医薬学の研究所である**和漢医薬学総合研究所**にも脈々とつながっています。**工業県としての今**も売薬のおかげです。売薬によって蓄財した業者はやがて地元の有力家となり、明治時代には銀行や電力会社の設立に尽力します。これが工業県として発展する基盤となりました。売薬で蓄えた資本力がなければ、工業化は容易ではなかったでしょう。

売薬業もさまざまなピンチがありましたが、そのたびに乗り越えてきました。明治時代には全国だけでなく、中国大陸や朝鮮半島など海外まで進出する業者がいたそうです。しかし、明治政府の西洋医学偏重政策から和漢薬への圧力が高まり、一時、売薬に税金をかけるなどの政策が取られました。また大正時代には売薬法が制定され、製薬には薬剤師を置くことが義務付けられるなどの規制もかけられました。

１９６０年（昭和35年）の薬事法改正で売薬は「医薬品配置販売業」という呼び名に変わります。翌年、富山の配置販売業者は約1万１７００人を数え、ピークを迎えますが、国民皆保険制度によって薬は医者で安くもらえるものという時代になると、配置販売業は再び苦境に立たされます。富山を離れ得意先に定住して配置販売業を起こす人たちも増えていきました。２００４年には富山の配置販売業者は約１９５０人にまで減少し、平均年齢も62歳と高齢化しています。今は薬の販売形態も多様化し、薬はコンビニでも買える時代となりました。後継者不足やコスト高など課題は多くありますが、顧客のニーズにきめ細かく対応するサービスと信頼関係という配置販売業ならではの強みで、乗り越えてほしいと思います。

配置薬の仕組みが発展途上国で生かされている例があります。04年、日本財団の支援で始まった、モンゴルの遊牧民に配置薬を届ける事業です。草原を移動しながらゲルで生活する遊牧民は、医療機関にアクセスしにくく、健康を損なうケースが多いことから、富山の置き薬の仕組みが導入されることになりました。医療関係者が配置薬業務を代行し、懸場帳をつけて使った分の代金も回収します。これが成果を上げたことで、支援事業はタイやミャンマーにも広がりました。先用後利が国境を超えて広がったと言えます。

▼製薬業のいま

一方、売薬とともに発展した富山県の製薬業はどうでしょうか。配置薬の生産はかなり減少していますが、一般医薬品は有望な成長産業です。ジェネリック薬の拡大や05年の薬事法改正で受託製造が完全自由化したことが追い風となり好調が続いています。**富山県の医薬品生産額**は、都道府県別で11年から3年連続3位、14年は2位となり、15年に前年比18・9%増の7325億4400万円で、埼玉県を抜いて初の1位となりました。全国に占めるシェアは10・74%に上ります。当然、人口1人当たりの医薬品生産額はダントツの1位。富山県の産業分類別生産金額で医薬品は約8分の1を占める基幹産業となっています。300年以上前から営々と築かれてきた「くすりの富山」の地位を守っています。

14年、西アフリカで猛威を振るっていたエボラ出血熱に、富士フイルムホールディングス傘下の**富山化学工業**が開発したインフルエンザ治療薬ファビピラビル（販売名・アビガン錠）

が有効か?というニュースが日本に飛び込んできました。富山化学工業は名前の通り富山発祥の製薬会社です。１９３０年（昭和５年）に前身の富山化学研究所が設立され、36年に富山化学工業となり、61年本社を東京に移しました。２００８年に富士フイルムホールディングス傘下に入りましたが、現在も研究所や工場は富山市にあります。

アビガン錠はその富山化学工業が富山大学大学院の白木公康教授と共同開発した薬で、ウイルスの複製を阻害することで効果を発揮する仕組みです。新型インフルエンザへの効果が期待されています。エボラ出血熱の患者にも投与されていますが、まだ有効性の最終結論は出ていないようです。しかし、売薬さんの流れをくむメーカー、特に富山を冠した名前が、期待や希望をはらんだニュースとなって世界中を駆け巡ったことは、とても誇らしく感じました。

ここでもう一度、先用後利について考えてみましょう。商法の形式は現代のクレジット販売やリース業の草分けでもあります。クレジット販売の代名詞である「**丸井グループ**」の創業者**青井忠治**氏が富山県出身だというのも何かの縁でしょうか。前田正甫の言葉である「用を先にし利を後にし、医療の仁恵に浴せざる寒村僻地にまで広く救療の志を貫通せよ」。これを現代風に言えば、利潤の追求の前に、公共の福祉に寄与する気持ちを貫け、という崇高な企業精神の表明ととらえることができます。

1876年（明治9年）創業の富山の老舗製薬会社である**広貫堂**は、この「広く救療の志を貫通せよ」から社名を付けたそうです。この精神は富山県人に影響を与えてきました。

YKKを世界一のファスナーメーカーにまでした創業者の**吉田忠雄**さんは「善の巡環」を唱え、それが今やグローバル企業であるYKKグループの企業精神となっています。「他人の利益を図らずして自らの繁栄はない」。顧客の要望に応え、利益をもたらすことで、信頼を得ることができる。事業で新たな価値を生み出すことで、顧客が繁栄し、さらに社会の繁栄につながり、巡り巡って自社のもとにかえってくる、という考え方だそうです。どこか前田正甫の言葉に通じるものを感じないでしょうか。

東洋的であり、仏教的であり、富山的な思想でもある、先用後利からは、さまざまなインスピレーションを受けとることができます。今だからこそ、もう一度、見つめ直したい言葉です。

3　富山湾は不思議の海

「天然のいけす」としてさまざまな海の幸を与えてくれる富山湾ですが、魅力はそれだけにとどまりません。不思議な現象や景観、天然資源など宝の海なのです。

県東部にある魚津《うおづ》市は富山湾に面した港町、旧北陸街道の宿場町として栄えた街です。大正時代には米騒動始まりの地になりましたが、全国的には蜃気楼の見える街として有名です。

1958年（昭和33年）、全国高校野球選手権大会に初出場した魚津高校が準々決勝まで進み、徳島商業高校と対戦しました。試合は村椿輝雄投手と相手の板東英二投手（元プロ野球選手、現タレント）との投げ合いとなり、延長18回0対0で引き分けとなりました。翌日再試合で敗れましたが、魚津高校の活躍は当時、「蜃気楼旋風」と呼ばれ、球史に残っています。

蜃気楼は魚津の代名詞です。ちなみに魚津市のイメージキャラクターは「ミラたん」。蜃気楼の意味の英語ミラージュから名付けられたそうです。魚津総合公園には、歴史ある魚津水族館と大観覧車がある遊園地ミラージュランドがあります。英語で思い出しましたが、25年ほど前、大阪出身のダジャレ好きの先輩が近寄ってきてこう言いました。

「富山県に魚津ってあるやろ?」

「ええ、あります」

「ダース・ベイダーおるんやてな」

「は?　知りませんけど」

「何ゆうてんねん。スター・ウオヅやろ。いてるって」

不覚にも笑ってしまいましたが、こう聞くとなんだか魚津に行ってみたくなりませんか?


話は脱線しましたが、日本で蜃気楼の一番古い記述は、1564年に戦国大名の上杉謙信がこの魚津で見たというものだそうです。上杉家はしばしば越中を侵略していたので、ありそうな話です。と言っても蜃気楼はいつでも見られる現象ではありません。特定の気象条件でしか出ませんし、私も映像や写真でしか見たことがありません。

魚津の蜃気楼は対岸の景色が伸びて見えたり、逆さに見えたりする現象です。春、海面付近の冷たい空気の上に陸から暖かい空気が流れ込むと、2つの空気層の密度の違いによって光が屈折して虚像が見える仕組みです。景色の上のほうが変化するので上位蜃気楼に分類されます。逆に冬は暖かい空気の上に冷たい空気が流れ込み、景色の下のほうが変化するので下位蜃気楼と言います。砂漠などで見える蜃気楼はこちらです。この現象自体は富山湾のどこでも発生しますが、お椀のような半円状の海岸線で、魚津市は対岸にある富山市や射水市、黒部市の工場建物などを見渡せ、かつ光の屈折を感じられる適距離に位置するため、蜃気楼が観察しやすいのだそうです。

魚津市によると、2016年の1年間に観察された蜃気楼は、過去10年間で最多の計24回。月別では4月と5月が8回ずつで最多となっています。毎回、気温や風が違うので同じものはなく、数年に一回、広範囲にわたり鮮明に現れる蜃気楼は、大パノラマのように見事なものだそうです。

魚津市によると、蜃気楼が発生しやすいのは、春から初夏にかけて2、3日晴天が続き、気温が高く、海岸で穏やかな北北東の風が吹く日です。短ければ数分、長ければ数時間続きます。シーズン中は、魚津市のホームページで蜃気楼出現予測を出しており、魚津港近くに展望地点があります。双眼鏡は必須とのこと。一度は見てみたいものです。現地に行けないという人には、魚津埋没林博物館のホームページの蜃気楼カメラでライブ映像を見ることができます。

私は小学生のころ、蜃気楼の写真を見て、映っている建物がすべて幻だと勘違いしていました。実像がなければ虚像もできないという仕組みを知りませんでした。蜃気楼の語源は、大ハマグリ（蜃）が気を吐いて楼閣を見せているということから来ているので、昔の人は富山湾に大ハマグリがいると思っていたかもしれません。人を化かす大ハマグリがいるなら、ダース・ベイダーがいても不思議ではないですが……。

富山湾の奇観と言われる蜃気楼ですが、「**ホタルイカの身投げ**」と呼ばれる現象もまさに奇観です。ホタルイカは体に発光器が1000個前後あり、接触すると青白く発光します。なぜ発光するのかよく分かっていません。外敵への威嚇、幻惑、エサを引き寄せるためなどの理由が考えられています。

普段は水深200〜600メートルの深海にいますが、雌は3月から5月の産卵期になると、深夜から明け方にかけて水面に向かって浮上して産卵します。ホタルイカ漁は産卵後の雌を沖合の定置網でとります。しかし、大量のホタルイカが浅瀬から波に流され、海岸に打ち上げられていることがあり、これを「身投げ」と呼んでいます。

富山市から滑川市、魚津市を中心に湾の広い範囲で起きる現象ですが、こちらも蜃気楼同様いつ発生するか予測できません。新月の波の静かな夜に起きるという説もあります。月明

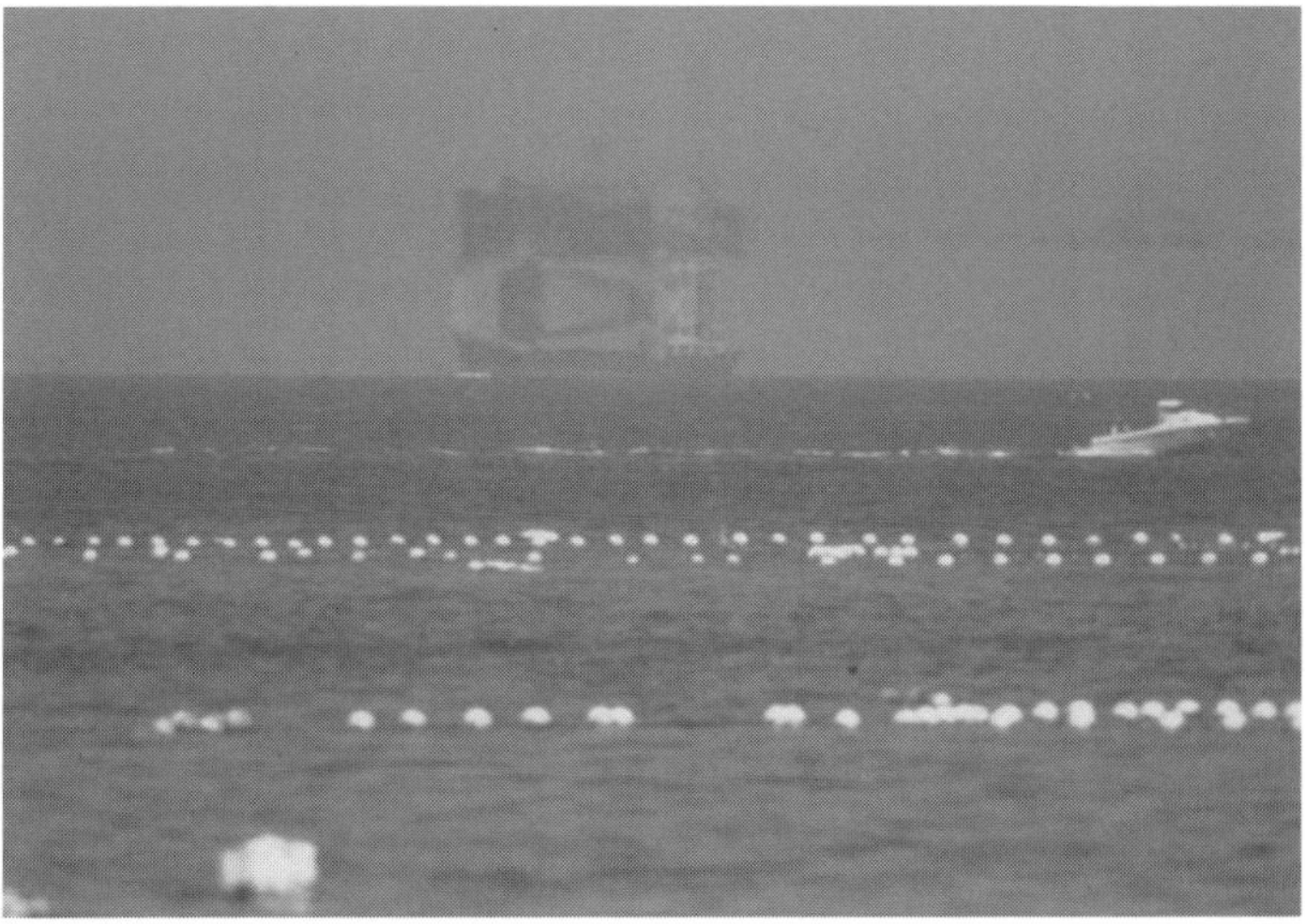

蜃気楼

光るホタルイカ

かりがなく、方向が分からなくなるからでしょうか。波打ち際にLEDのような青白い光が、無数に続く光景はとても神秘的です。やはり富山湾は不思議の海です。

日本海に分布している約800種類の魚のうち約500種類がいるというのは、前にも述べましたが、それは**富山湾の地形と水の3層構造**に関係しています。急激に約1000メートルまで深くなる地形は珍しく、日本の湾では駿河湾、相模湾に次ぐ3番目の深さです。そこに太平洋の黒潮から分岐した暖流の対馬海流が能登半島を回って流れ込んできます。このおかげで、暖流系の回遊魚などがとれるのです。この対馬海流は空気の湿度を上げ、それが立山連峰にぶつかって雪を降らせるので、気候にも大きな影響を与えています。雪は河川の流れとなって海に戻りますが、その河川の水は沿岸部で対馬海流の上に層を作ります。また対馬海流の下の層には、日本海固有の冷たい水塊（深層水）が大量に存在し、冷水や深海にすむ魚介もとれるというわけです。

その**深層水**を資源として活用しようという試みが続いています。深層水は気温に左右されず、ほぼ2℃前後の冷たさで安定しており、窒素やリンが豊富でミネラルもバランスよく含まれています。細菌や有機物がとても少ない清浄性が特徴です。これらの特徴を生かし、深層水を使った商品開発が行なわれています。飲料水や日本酒、食品のほか入浴剤やシャンプー、美容液などバリエーションが広がっています。また低温、清浄性を利用した魚の養殖も行なわれています。深層水の取水施設がある入善町と滑川市が利用の中心地。滑川市には深層水を利用したタラソテラピー（海洋療法）の体験施設タラソピアがあり、深層水のジャグジープールなどを備えています。

さらに近年、富山湾に大きなお宝が眠っているというニュースが伝わっています。**メタンハイドレート**です。低温、高圧の状態でメタンと水が結びついてできる結晶で、「燃える氷」と呼ばれるエネルギー資源です。海底地層に含まれ、日本近海での埋蔵量は、日本のガス消費量の約１００年分に相当すると言われています。そのメタンハイドレートが富山湾東部沖に埋蔵されており、しかも他の埋蔵地域より比較的浅いところにあるため、生産に有利だというのです。

この資源は、メタンガスを取り出すコストが割に合うのか、安全性を保てるのか、環境への影響はどの程度あるのかなど、課題が多く残されており、実用化できるにはまだまだ時間がかかりそうです。

雨晴海岸から見た立山連峰

しかし、これ以上はぜいたくというものでしょう。既に大きな恵みを与えてくれている富山湾には、感謝しかありません。

２００４年、富山湾はユネスコが支援するＮＧＯ「世界で最も美しい湾クラブ」への加盟が認められました。観光振興や資源保護、伝統の継承、景観の保護などを目的としています。日本では現在4つの湾が加盟、富山湾は宮城県の松島湾に続く2番目の加盟でした。

よくメディアでも紹介される**雨晴海岸から富山湾越しに３０００メートルの立山連峰を望む景色**は、世界でも例がない美しさです。大切なものを守るためにも、今度は人間の側が少しでも恩返ししなければと思います。

4　立山信仰

▼山岳信仰

小学生のとき、6年生全員が立山に登るという行事がありました。富山の小学校の多くが実施していました。1泊2日で早朝に室堂を出発し、3つの峰の一つである雄山（3003メートル）を目指します。

登山道はそんなに険しくなく初心者向けですが、途中で雪渓を滑落して助けられている大人を見ましたから、危険と隣り合わせなのは実感しました。小学生の集団ですのでゆっくり進み、3時間近くかけて到着しました。頂上には**雄山神社峰本社**があり、参拝します。雲がかかって下界までは見えませんでしたが、剱岳をはじめ立山連峰・北アルプスの峰々が続く景色は見事でした。今でもこの行事は続いているのでしょうか。

越中では江戸時代から15歳ぐらいになると、大人の仲間入りをするための**通過儀礼として**

雄山神社前立社壇

立山博物館

❖第３章　逆襲は始まっている…………142

立山に登る成人登山の風習があったそうです。小学生の登山はその名残かもしれません。富山県人にとって立山は特別な存在です。信仰の対象だった長い歴史が、今につながっています。

立山は富士山、白山と並んで**日本三大霊山**と呼ばれます。既に奈良時代、万葉集にうたわれた立山は、神の宿る厳かな山として登場します。江戸時代に成立した立山縁起によると、奈良時代に越中の国司の息子、佐伯有頼が逃げた白鷹を追って立山山麓に入ったとき、現れた熊が阿弥陀如来の姿に変わり、お告げを受けたことから出家し、立山権現の社殿を開いたとなっています。縁起の真偽は分かりませんが、立山町には佐伯、志鷹という縁起由来の名字の家がとてもたくさんあります。立山の山岳ガイドや山小屋経営も佐伯さん姓の方が多くいます。

修験の霊場であった立山は、平安時代に地獄信仰の広がりによって、かつて火山活動でできた硫黄のにおい立つ地獄谷や血のように赤い水の湖、針の山のような剱岳などが、地獄に見立てられます。平安時代の『今昔物語集』には「日本国の人、罪をつくりて多くこの立山の地獄に堕つと言えり」という記述があるそうです。鎌倉時代以降は、仏教の浄土信仰がそこに加わります。立山の雄山を阿弥陀如来の山とし、高山植物が咲き誇る極楽浄土が広がっているという世界観です。こうして**立山は極楽と地獄が両方ある死後の世界**、あの世として見立てられるようになりました。

立山に登り、あの世を体験すれば、新たに生まれ変わることができ、罪やけがれもなくなって極楽浄土へ行けるという信仰のかたちが生まれ、江戸時代に各地に広がりました。立山の麓、芦峅寺と岩峅寺を拠点に数多くの宿坊が形成され、衆徒たちが居住しました。衆徒は布教のため各地に散らばり、立山曼荼羅と呼ばれる地獄と極楽浄土を描いた絵を人々に見せながら信仰を説き、立山への登拝を勧誘したり、お札などを売ったりしていました。信仰はかなり広く浸透し、大河ドラマ『篤姫』で知られる将軍正室の天璋院篤姫や和宮が寄進したという記録が残っています。

明治時代に入り廃仏毀釈が行なわれ、神仏習合の立山権現は解体され、現在の雄山神社に引き継がれますが、従来の立山信仰は急速に衰退していきました。

立山は長い間、女人禁制でした。ですから女性の救済のために登拝の代わりに麓の芦峅寺で行なわれていた儀式が、**布橋灌頂会**《ぬのばしかんじょうえ》です。三途の川に見立てた川に架かる布橋を渡り、姥堂で念仏を唱え、再び橋を渡り戻れば、あの世を体験する立山登拝と同じ霊験があるというものです。

明治以降途絶えていたこの儀式は、１９９６年、１３６年ぶりに地元立山町の布橋灌頂会実行委員会によって復活、再現されました。白装束を着て目隠しした女性たちが、朱色の橋に渡された３本の白布の道の上を、念仏を唱えながら渡っていきます。この復活は話題になり、その後３年に1度のペースで開催され２０１７年も行なわれました。芦峅寺の婦人会による、かつて宿坊で出されていた郷土料理の試食・販売のイベントなども行なわれ、集落全体で取り組んでいます。14年にはサントリー地域文化賞が同委員会に贈られました。11年に日本ユネスコ協会連盟の「プロジェクト未来遺産」にも登録されています。

立山信仰については、芦峅寺にある**富山県立山博物館**で詳しく知ることができます。立山曼荼羅の世界を再現した「まんだら遊苑」という野外施設もありますから、ぜひ〝あの世〟を体験してみてください。

▼砂防の歴史

こうやって立山信仰の歴史をたどってみると、立山を五箇山の合掌造り集落に続く**世界文化遺産**に、と思いたくなるところです。実際２００６、07年に文化庁文化審議会が世界文化遺産の候補を地方自治体から募集した際、富山県は「近代高岡の文化遺産群」と「立山・黒部～防災大国日本のモデル」の2つを提案しました。同時期に山梨県・静岡県から提案があった「富士山」は、その後ユネスコ暫定リスト入りし、高いハードルを超えて13年、世界文化遺産に登録されました。立山は山岳信仰の点で富士山と類似性が高いのです。八尾の風の盆でうたわれる越中おわら節の歌詞にも「越中で立山、加賀では白山、駿河の富士山三国一だよ」とあるように、さすが三国一の富士山です。勝てません。そこで富山県が提案したのは、**砂防に焦点を当てたユニークなもの**です。

立山には立山カルデラと呼ばれる巨大な窪地があります。土砂の崩壊が起きやすく、ここを源流に富山平野を流れる常願寺川に大量の土砂を送り出しています。そのため氾濫が頻繁に起き、大きな被害をもたらすため、治水は富山の最大の事業でした。

戦国時代に佐々成政が造らせた佐々堤の跡が今も残っています。江戸時代の1858年、飛越地震によって巨大山崩れが起き、立山カルデラに堆積した土砂が土石流となって平野を襲い、140人が亡くなりました。明治時代に入ると本格的な砂防治水工事が行なわれ、重要文化財に指定されている白岩堰堤砂防施設など多くの施設が建設されます。

一時期には治水砂防費が県予算の82%を占めたこともあったといいます。例を見ない大規模工事によって立山カルデラには、独自の砂防システムが組み上げられ、日本の砂防技術の先端を行くようになりました。現在も残る近代以降のこれらの砂防施設を遺産の中心として、防災をコンセプトにした初の世界遺産を目指すというのが富山県の案です。

この案は08年、文化審議会によって「高い価値を有するものの顕著な普遍的価値を証明するのが難しく、内容の見直しが必要」と位置付けられ、リスト入りできませんでした。しかし、面白い切り口だと思います。自然は人間に災いも恵みも与える存在です。神様も同じです。だから信仰の対象になるのでしょう。立山町に**富山県立山カルデラ砂防博物館**があります。立山カルデラの体験学習会も行なっています。砂防事業は現在も続いています。

▼普遍の自然環境

立山に関しては近年、さまざまな話題がニュースとなっています。2012年、湿原の保全を目的とするラムサール条約に「**立山弥陀ヶ原・大日平**」が登録されました。国内で最も高地にある登録湿原です。弥陀ヶ原はライチョウの越冬地であり、夏には高原植物が咲き乱れ、稀少種のチョウが舞う雪田草原で、阿弥陀如来がいる浄土と見られ名前がつきました。点在する小さな池である池塘《ちとう》は、地獄の餓鬼が田植えをした跡ということで「餓鬼田」と呼ばれています。湿原の水を集めて流れる落差約350メートルで日本一の**称名滝**もあります。

同年、**日本で初めての氷河**が立山連峰で確認されています。それまで極東の氷河はカムチャッカ半島以北にしか存在しないとされてきましたが、一気に南限が下がりました。氷河は陸上で長期間にわたって連続して流動する雪氷体と定義されていますが、立山カルデラ砂防博物館がGPSなどを使ってしらべたところ、立山と劔岳の東面の雪渓3カ所が氷河の定義を満たしていることが分かり、日本氷雪学会が認定しました。氷河の発見は、立山に未知の世界がまだまだあるということでもあります。

立山の観光といえば、誰もが知っているのは**立山黒部アルペンルート**です。富山県立山町と長野県大町市をケーブルカーやトロリーバス、ロープウェイなどで結ぶ約37・2キロ。美女平、弥陀ヶ原、室堂から立山直下を貫通する日本最高所の立山トンネルを抜け、日本最大の黒部ダムを通り長野方面に抜けます。約15～20メートルもある雪の壁「雪の大谷」や黒部ダムの観光放水など外国人観光客にも人気のスポットが多く、4月から11月のシーズン中は100万人近くが訪れる屈指の観光コースです。

大自然の壮大な景観は何ものにも代えられない宝物です。その大自然に対する人間の思いや営みの歴史を知れば、さらに新たな感慨が生まれるのではないでしょうか。アルペンルートを寄り道しながら、多くの人に立山の奥深い魅力を味わい尽くしてほしいと思います。

立山弥陀ヶ原

立山黒部アルペンルート

5　水の恵み

▼名水

富山の家庭で水道をひねれば、水は勢いよく出てきます。しかも冷たくておいしい。これは東京に出てから気づいたこと。富山にいるときは当たり前でした。いかに富山県が水の恩恵を受けているか、住んでいるとなかなか分からないものです。

富山県は降水量が多い。特に立山連峰などは豪雪地帯で万年雪となって大量に貯水されます。また植生自然度が北海道、沖縄に次いで全国3位です。広大な森林が水分を保持して、自然のダムとなっています。水はゆっくり地中へ戻り、花崗岩などの各地層でろ過され、河川や伏流水となって平野へ流れていきます。

河川は水量がとても多く、また急流なので澱んで汚れることがありません。しかも雪解け水で冷たく、自然ろ過されていて清浄、石灰質の地層を通っているためミネラルも含む水です。これが最小限の殺菌処理で水道水になるのですから、市販のミネラルウォーターを飲んでいるようなものです。

実際に、富山市上下水道局が水道水をペットボトルに詰めて販売している**商品「とやまの水」**は、国際食品コンクールの「モンドセレクション」で2012年度から6年連続金賞を受賞、うち3回は最高位の最高金賞という大きな成果を挙げ、その品質は折り紙付きです。ちなみに高岡市の水道水の商品**「高岡の水」**も15年度から3年連続金賞を受賞しています。

また伏流水は、扇状地の地下から湧き水となって人々を潤してきました。富山県人の名字に「水」や「沢」の字が入ったものが多いのも、水が生活に密着していたからかもしれません。

環境省が全国の名水を100カ所ずつ選んだ「名水百選」（1985年）と「平成の名水百選」（2008年）に、富山県から計8カ所が選ばれています。これは熊本県と並んで全国最多です。

「名水百選」の「**黒部川扇状地湧水群**」は黒部市と入善町にありますが、そのうちの一つ、黒部市生地の共同洗い場は生活に密着した湧き水です。街中いたるところにある湧き水は住民が管理し、野菜を洗ったり果物を冷やしたり、洗濯したりする共同洗い場となっており、井戸端会議の場でもあります。

いたち川の延命地蔵尊

「名水百選」にはほかに、霊験あらたかな上市町の「**穴の谷の霊水**」、標高2450メートルの室堂に湧く立山町の「**立山玉殿の湧水**」、砺波市庄川町の「**瓜裂清水**」があります。

一方「平成の名水百選」に選定された「**いたち川の水辺と清水**」は、富山市の中心部に流れるいたち川の川べりにある延命地蔵尊の御手洗水などが含まれています。江戸時代に大地震による土石流の影響で疫病が流行ったとき、お告げに従い川から拾い上げたお地蔵さまを供養したところ、病がおさまったことから、この辺りの湧き水が「万病に効く」として有名になりました。今も地元だけでなく遠くから水を汲みに来る人がいます。ちなみに夏場、地蔵尊近くに行くときは、山川いもや本店のかき氷やアイスクリームがお薦めです。

「平成の名水百選」にはほかに、花菖蒲が咲き乱れる行田公園にある滑川市の「**行田の沢清水**」、木曽義仲が放った弓の先から湧いたと伝えられる高岡市の「**弓の清水**」、南砺市の「**不動滝の霊水**」があります。

また北陸コカ・コーラボトリングの砺波工場では、同社の「**い・ろ・は・す天然水**」を庄川水系の地下水を使って製造しています。

富山市にある**トンボ飲料**は、1896年（明治29年）創業で、現存する最古のラムネメーカーです。トンボラムネのほかサイダーやノンアルコールのシャンパン風炭酸飲料「シャンメリー」などを製造販売しています。

いずれも富山の水を直接生かして発展してきた企業です。

名水あるところに名酒あり。日本酒もまた水の恵みと言えます。県内の蔵元は約20で、お隣の新潟県には90以上の蔵元があるのに比べ、少ないと思われるかもしれませんが、なかなか粒ぞろいの銘柄がそろっています。「**満寿泉**」「**勝駒**」「**立山**」「**銀盤**」「**幻の瀧**」「**羽根屋**」など、どれも甲乙つけがたいところ。東京でも富山の酒を置いている居酒屋が多くなり、ついつい飲みすぎてしまいます。

蔵元の一つ、**若鶴酒造**は1952年（昭和27年）からウイスキーも製造しており、砺波市にある三郎丸蒸留所は北陸唯一の蒸留所です。ネット上で協力を募るクラウドファンディングで資金を集め、老朽化した建物を改修、2017年に施設見学もできる蒸留所にリニューアルしました。

▼エネルギー

これだけでなく多量の水は工業に必要であり、さらに自然エネルギーとして水力発電のかたちで、富山県の産業とくらしに貢献してきました。

資源エネルギー庁によると、日本の利用可能な水力エネルギー量である包蔵水力は、富山県が約1万3000ギガワットで岐阜県に次いで2位。そのうち開発済みの水力は約1万6000ギガワットで1位です。いかに水力発電が富山県に貢献してきたかの証しでもあります。

さらに最近では小水力発電が普及しています。小水力発電はダムなどの大規模発電と違い、農業用水路や上下水道施設などを利用し、小規模で行なう発電です。水は河川や伏流水として流れているだけではありません。**富山県の水田率**は全国1位です。水田は巨大な貯水ダムであり、張り巡らされた農業用水路は小水力発電に最適なのです。

近隣の新潟、石川、福井には原子力発電所があります。特に福井県は〝原発銀座〟と言われほど集中していますが、富山県には1基もありません。原発事故以降、それはポジティブな意味合いを帯びるようになりました。そして再生可能エネルギーが注目されている中、将来、富山県は再生可能エネルギーで自給自足できる可能性を持っています。

日本は世界有数の火山国です。**地熱発電の資源量**は世界3位ですがほとんど開発が進んでいません。環境省の推計によると、地熱発電として開発可能な150℃以上の熱水資源の分布で、富山県は北海道に次いで全国2位の資源量があるそうです。ほぼ県東部の山岳地帯に集中しており、国立公園内であるため手つかずのままです。安定した電力が得られ、二酸化炭素排出量が少ない地熱発電には期待が高まっています。コストや環境への影響など課題はありますが、温泉を利用した大分県などの成功例もあり、有望なエネルギーと言えそうです。

熱水資源もまた水です。**水は富山の最大のストロングポイント**なのです。

6　オンリーワンな企業

この商品って富山県の会社がつくっていたの？と驚かれることがよくあります。小さくても知名度抜群、キラリと光る注目の企業を紹介します。

▼内外製薬

内外製薬でピンとこない人には「**ケロリン**」といえば、聞いたことがあるはずです。１９０２年（明治35年）創業の老舗の医薬品製造・販売会社で、本社は富山市。解熱鎮痛剤「ケロリン」のヒットで成長しました。なんといっても同社の宣伝広告戦略の歴史がユニークです。

昭和の初めにボクシングや野球の人気に目を付け、人が集まる会場や球場でケロリンの垂れ幕を掲げる宣伝戦略を始めます。34年（昭和９年）、来日したベーブ・ルースら大リーグ選抜と日本選抜の試合でも後楽園球場にケロリンの大垂れ幕があったそうです。

昭和30年代のラジオＣＭソングもヒットしました。作詞サトウハチロー、作曲服部良一、歌が楠トシエという豪華な顔ぶれ。「ケロリン、ケロリン、青空、晴れた空〜」というフレーズが耳に残ります。

そして極め付きの大ヒットが、皆さんご存じの**風呂桶**です。宣伝用のケロリン桶は63年（昭和38年）から製造が始まり、当時桶が木製から合成樹脂製に切り替わる時期でもあって、瞬く間に全国の銭湯や温泉に広がりました。最初は白でしたが、汚れが目立たないよう現在の黄色に。黄色地に緑と赤の文字が映えて、ケロリンのロゴが目に焼き付きます。なんと現在までに計約２５０万個もつくられているそうです。近年ではケロリン桶自体が、優れたデザイン性と懐かしさから人気を集め、商品として販売されています。

アニメ「ケロロ軍曹」とコラボしたオケロロリン湯桶などは、カワイイ商品として子どもたちに大人気です。最新のものでは人気アニメ「けものフレンズ」とコラボした商品が出ています。また桶だけでなく、タオルや

ケロリングッズ

マット、ストラップ、薬用入浴剤や石けんなどさまざまなケロリングッズが展開されています。

ケロリンが富山の薬だと認識しない人がどんどん増えていきそうで心配ですが、ここまで長年にわたり世代を超えて愛されるということは、ケロリンのネーミングが歴史的傑作であったという証明です。

ちなみにケロリン桶には関東サイズと関西サイズがあり、関西サイズのほうが一回り小さいそうです。気がつきませんでした。不覚です。

▼ショウワノート

高岡市に本社と工場を置く文具メーカーですが、その代名詞とも言える商品がシェアナンバーワンの小学生向けノート「**ジャポニカ学習帳**」です。累計販売数12億冊以上という途方もない数を誇ります。誰もが小学生のころ一度は手にしたのではないでしょうか。

ジャポニカ学習帳の販売開始は1970年（昭和45年）。小学館のジャポニカ百科事典とのコラボでできたそうです。発売当時はノートの中でも紙質に高級感があり、実際に値段もやや高めで、裕福な家の子どもが持っていた印象があります。テレビCMはよく見ました。

「ジャポニカがくしゅうちょ〜♪」というおなじみのジングルは昔から変わっていません。

表紙を珍しい世界の植物や昆虫のクローズアップ写真で飾る世界特写シリーズが始まるのは78年からです。山梨県在住の写真家山口進さんが専属カメラマンとなり、東南アジアや中南米、アフリカへ取材に行って撮ったオリジナル写真だけを使っています。この写真のインパクトは大きく、シリーズは現在まで続き、1200枚以上の写真が使われたそうです。

2015年に45周年を記念して、歴代ジャポニカ学習帳の人気投票を行なったところ、70年代の1位は表紙写真がクワガタ、80年代はカブトムシ、90年代、2000年代はチョウとなり、復刻版となって販売されました。

また14年にジャポニカ学習帳の形状が、ノートとしては初めて特許庁に立体商標として認められています。

ショウワノートはアニメや戦隊もののキャラクター文具の生産でもトップメーカーで、ドラえもんやポケットモンスターのキャラクターノートやぬりえなど数多くの商品をそろえています。ジャポニカ学習帳を含め、それらのすべてを高岡市の本社工場で生産しており、工場の見学は小学生の遠足コースとして人気があるそうです。ちなみに工場の隣にある高岡おとぎの森公園には、ドラえもんのキャラクターたちが遊んでいる土管のある空き地が再現されています。

▼光岡自動車

富山市に本社がある光岡自動車は、まさにものづくりの富山にふさわしい乗用車メーカーです。創業者の光岡進会長は、自動車の板金塗装・修理業を起こし、中古車販売事業や輸入車ディーラー事業を展開し成功を収めましたが、自ら好きな自動車をつくりたいとの夢を実現させようと、ゼロハンミニカー、改造車の製造へ乗り出しました。次いでフレームから丸ごと自動車を設計、製造する段階へと進み、スポーツカーを参考にオリジナル新車「**ゼロワン**」を完成させ、1994年に発表します。しかし車検は組立車としてパスしたもので、当時の運輸省は、乗用車メーカー以外の業者がつくった自動車＝組立車としてしか認めませんでした。このため同社は乗用車メーカーの証しである型式認定を受けるべく、走行テストや衝突試験を自力で乗り越え、ようやく96年に型式認定を取得。晴れて本田技研以来となる日本で10番目の乗用車メーカーになりました。

そして「**ガリュー**」「**リョーガ**」など独特のデザインの自動車を発表、特に2006年発表のスポーツカー「**オロチ**」は、ヤマタノオロチをイメージしたという奇抜なデザインで注目を集め、光岡自動車は全国に広く知られるようになりました。その後も2人乗り電気自動車、冠婚葬祭用リムジンなど大手メーカーがやらないものをつくり出しています。

製品は1台1台、パーツ作りから始まり、溶接、内装、塗装にいたるまで、同社の職人の手づくりで完成します。大量生産の大手と全く逆の方向を進んでいます。自動車への愛と夢をかたちにしようというぜいたくな仕事です。小さいながらもきらりと光る、ものづくりへの意地と誇りが感じられます。

▼P.A.WORKS（ピーエーワークス）

県南西部の南砺市（旧城端町）に本社スタジオを置くアニメ制作会社。城端は「越中の小京都」と呼ばれ、絹織物で栄えた古い家並みのある町です。代表取締役の堀川憲司さんは愛知県出身で、富山大学在学中にアニメ業界を目指し大学を中退。竜の子プロダクション、「Production I・G」のプロデューサーを経て独立、2000年、南砺市に前身の制作会社を設立しました。さらに16年には東海北陸自動車道の城端サービスエリア近くに新社屋が完成、移転しています。

同社のテレビアニメ作品には架空の地方を舞台にしたものがあります。多くはモデルとなった地域があり、実在の風景や建物が頻繁に登場するのが特徴です。代表作である、温泉旅館に住み込みで働く女子高生の奮闘と成長を描いた『花咲くいろは』（11年）は金沢市の湯涌温泉がモデルでした。県境の南砺市からほど近いところにあります。

富山県内が舞台となっている作品もあります。『true tears』（08年）、『Another』（12年）は南砺市、『クロムクロ』（16年）は立山町の黒部ダムが登場します。『クロムクロ』は同社初のロボットアニメです。黒部ダムで見つかった巨大ロボットが、宇宙から襲来した敵ロボット群と戦うのですが、巨大ロボットが立山連峰や水田地帯を走ったり、富山市の中心街や神通川の河川敷にある「富山きときと空港」で戦ったりするのを見ていると、なんだかシュールな感じがします。と言いつつ、見入ってしまうのですけど。

17年放送の『サクラクエスト』は、架空の間野山市が舞台ですが、モデルは南砺市でした。就職活動につまずいた主人公の女子大生が、あるアルバイトでやってきた田舎町。そのバイトは観光のためのミニ王国の王様を1年間も務めるというものでした。不平不満の中でスタートした生活は、地元の人たちとの触れ合いの中で、充実していきます。そして町おこしのため仲間たちと奮闘する主人公の姿に、地元の人たちもまた次第に活気を取り戻していきます。主人公と地元、両者が成長する物語です。

作品には地方と町おこしに対するメッセージが込められています。「地元の文化や歴史を大切に、誇りを持ちながらも、新しいものや異文化を排除することなく変化し続けていくことが大切」というものです。

同社のアニメをきっかけに、富山が全国や海外の人たちに認識されるのはありがたいことです。また〝聖地〟として直接富山を訪れる人たちが増えるのもプラスです。何より同社が地方から物語というかたちで情報発信し続けていることが、富山にとって貴重な成功モデルとなっています。そして『サクラクエスト』のように作品自体が地元への一つの提言となって、リアルに人々を動かすことになれば、大きな社会貢献にもつながります。

『サクラクエスト』の放送終了後の17年10月、架空の町である間野山市と地元南砺市との姉妹都市締結の調印式が行なわれ、観光と地域振興などをテーマにシンポジウムも開かれました。これからもアニメの持つ力に期待したいと思います。

▼YKKグループ

創業者は魚津市出身の故**吉田忠雄**氏。ファスナー、建材の世界的メーカーですから説明は不要でしょう。「小さくてもキラリと光る」には当てはまりませんが、なぜここで取り上げるかと言えば、最近、**本社機能の一部を黒部市の事業所に移転**したことに理由があります。本社は東京都千代田区の秋葉原駅の近くですが、北陸新幹線が開通し、黒部市に黒部宇奈月温泉駅ができたこともあり、管理部門を黒部に移しました。政府の地方創生政策である企業の地方移転促進税制の適用第1号となりました。

もともと工場のある黒部には研究・開発部門があり、ものづくりの拠点の黒部に本社機能を寄せることは、以前から計画されていたそうです。この移転で管理部門約230人が黒部へ異動になりましたが、注目すべきは同社が社員の住環境を整えるために新たな街を建設しているという点です。

富山地方鉄道の電鉄黒部駅近くに建設中の「パッシブタウン黒部モデル」は、保育園や商業施設を備えた省エネ型集合住宅です。8街区計250戸の計画で、2期街区まで完成し、入居が始まっています。社員以外の人も入居できるそうです。各街区はすべて違う建築家による設計となる予定です。アルミサッシなどの建材の大手だけあって断熱性にすぐれた構造で、豊富な地下水を循環させるなどの工夫で、エアコンに頼らない生活を目指していることが特徴です。自然の光や風や水を取り入れ、電気やガスをなるべく使わない設計は、パッシブ（自然の恵みを受け取る）というトータルコンセプトに基づいています。

あいの風とやま鉄道

富山を含む日本海側で夏の季節風を「**あいのかぜ**」と呼びます。地方によって風向きは変わりますが、富山では北東から吹く風です。北陸新幹線開通後、県内の北陸本線の在来線は第三セクター「**あいの風とやま鉄道**」に変わりました。この季節風からのネーミングです。

パッシブタウンも富山湾から吹くあいのかぜを取り入れた街にしようとしています。街づくりそのものが、富山から世界に向けた同社のメッセージになっているのです。この新しい街が黒部の風土に溶け込み、地元全体を活気付けることができるか、あるいは周りから浮き上がった存在に終わるのか、これからに注目したいと思います。

7　ものづくり

▼高岡・小ルポ

盛夏、ＪＲ高岡駅のホームに降り立つと、数百の風鈴が迎えてくれました。重なり合って響く、澄んだ音色は繊細で美しく、そしてはかなくもありました。ちょっと昔の話です。高岡駅は日本一美しい音がする駅でした。

風鈴は**高岡銅器**。高岡は銅器の町です。江戸時代に前田利長が高岡の町を開き、鋳物師7人を招いて金屋町に住まわせたのが、この伝統工芸の始まりとされています。幕府の「一国一城令」で高岡城が廃城となると、高岡は武士でなく職人や商人の町として繁栄します。その特色は今に至るまで残っています。

千本格子の金屋町の町並み、千保川をはさんで、土蔵造りの山町筋の町並みと、歴史的景観が残り、所々に表具店や仏具店など職人さんの店があります。路地を曲がれば、お寺があり、町家が軒を連ね、日暮れ時には夕餉の用意をするにおいがしてくる、そんな下町の温もりと懐かしさがあります。映画のロケ地として頻繁に選ばれるのもよく分かります。

私の母方の祖父は銅器職人でした。私が生まれる前に亡くなったので直接は知りませんが、日展に入選したりしていたそうで、工芸作家でもありました。わずかに作品が残っています。両親とも高岡市出身でしたので、子どものころ、正月やお盆に帰省するのは高岡でした。生まれ育った富山市とは別の懐かしさが湧いてきます。

御車山《みくるまやま》祭で見た山車《やま》の花飾り、関野神社に並んだたくさんの夜店、七夕まつりで商店街に並ぶ豪華な七夕飾り。幼いころ見た景色は、今も心に残っています。


先日久しぶりに高岡を訪ねてみました。高岡駅ビルが新しくなり、駅前の景観が大きく変わっていました。路面電車の万葉線の停留場も移動しています。ロータリーの向こうには**「ドラえもんの散歩道」**。高岡銅器でつくったドラえもんと仲間たちのキャラクターが並んでいます。高岡は作者の藤子・F・不二雄さんのふるさとです。

駅前の末広町商店街はシャッターを閉じた店舗が目立ちます。高岡に来れば、大好きな**「こんころ団子」**という、うぐいすきなこの串団子を必ず買いに行っていた板倉菓子商店を探しましたが、もう廃業されていました。寂しい限りです。

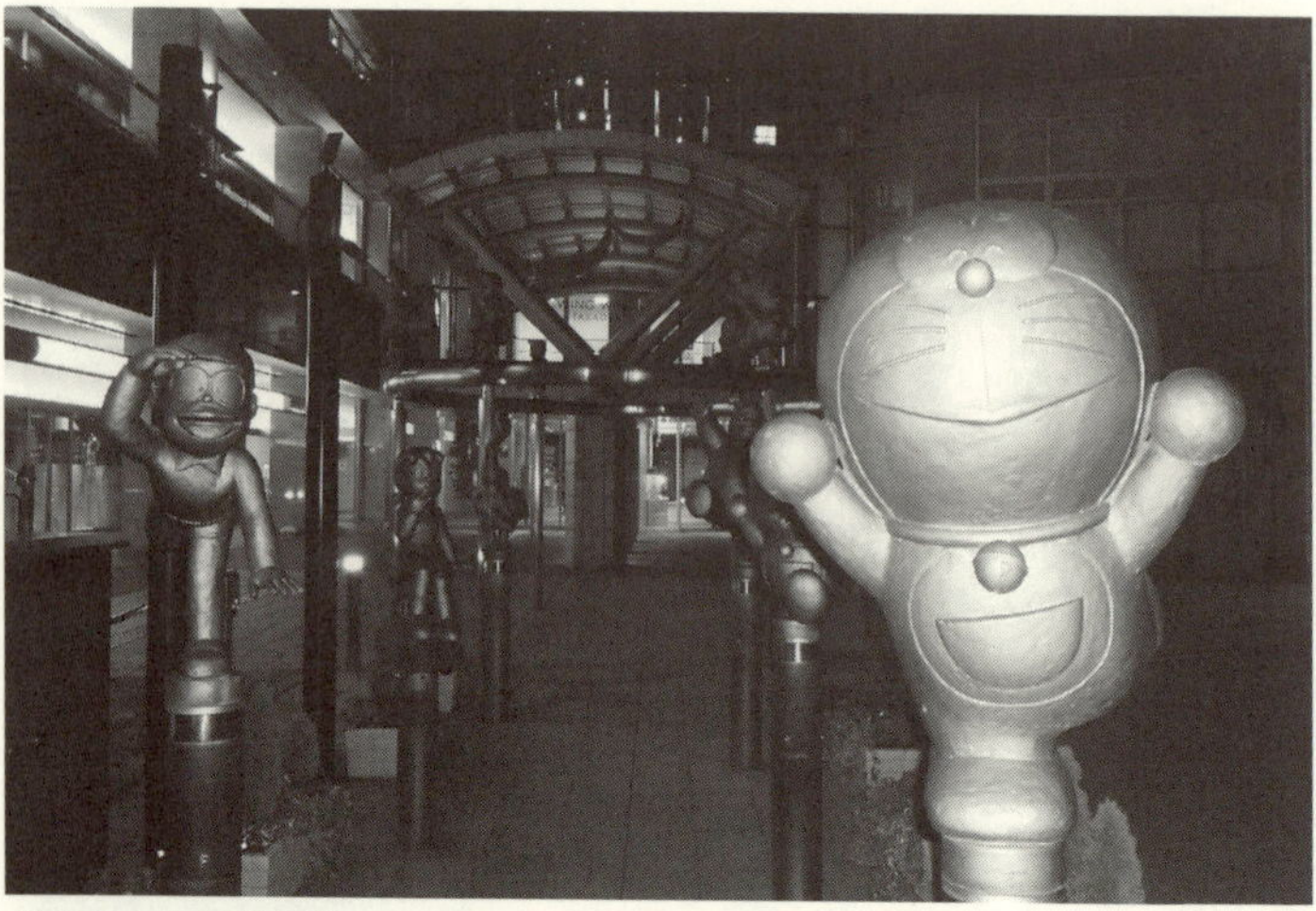

ドラえもんの散歩道

古城公園

❖第３章　逆襲は始まっている…………168

路地を通って関野神社に向かいます。高ノ宮通りの「**宮田のたいやき**」はどうでしょうか。やっていました。健在です。たい焼き1匹を1本のコテで焼く、今やレアな〝天然もの〟のたい焼きで、うれしくなります。袋もかわいい。

今度は御旅屋通りのアーケード商店街へ。駅前通りを万葉線が走っていきますが、新しくなったトラム（路面電車）にもドラえもんが描かれています。大和百貨店高岡店を左手に過ぎ、アーケードを抜けて**古城公園**に向かうと、右手に大仏さまが見えてきました。大佛寺の**高岡大仏**（次頁）。昔よりやや奥まった所に座っていますが、姿かたちは変わっていません。

1900年（明治33年）に木造大仏が焼失、その後町衆から再建のための寄進の申し入れがあり、33年（昭和8年）に完成しました。高さ約16メートル、青銅製の阿弥陀如来坐像で、地元の銅器職人たちが技術の粋を集めて制作した大仏です。高岡の象徴的存在なのです。

▼高岡銅器

江戸時代に北前船の寄港地である高岡の伏木港は、加賀藩の物資の集散所となり、商業が発展し豊かになっていきます。最初は鉄の鍋釜などを生産していた鋳物師たちも、香炉や花瓶、仏具、梵鐘など装飾を施した文化的な製品づくりへと移行し、北前船によって販路も広

高岡大仏

がっていきました。
江戸後期には銅器だけでなく、さまざまな工芸が発展します。**高岡漆器**はその代表格です。指物師が作った家具、調度品に漆を塗ることから始まり、勇助塗、彫刻塗、青貝塗などの独自の技法が発展、工芸品として高い評価を受けるまでになります。夏目漱石の小説『虞美人草』にも高岡漆器のすばらしさの詳しい描写があります。
明治時代以降、**銅器**は工芸品としてさらに発展します。高い技術を持った職人を配した分業制も進み、生産量も増えました。元のデザインとなる原型、原型から作った鋳型に溶かした金属の湯を流し込んで吹く鋳造、表面加工の研磨、彫刻や金銀をはめ込む象嵌などの彫金、化学反応で金属を腐食させ色を付ける着色。それぞれの工程で技術は深まりました。ロンドンやパリなどの万国博に出展され、芸術的に高い評価を受けるようになっていきます。

現在も、高岡の銅器製品は全国一のシェアを守っています。さらに、ものづくりの意志と技術を受け継いだ後継者たちが、新たな時代を築き始めています。

そのトップランナー企業が「**能作**」です。最初は仏具や花器などを製造していましたが、需要が落ち込んだため、2000年ごろから鋳物技術を生かし、真鍮製のベルや風鈴などインテリア雑貨を手掛け活路を開きます。さらに抗菌性の強い錫《すず》を利用した食器類の開発に着手。その中で、柔らかい錫の特性を生かした自由自在に変形する器「KAGO（カゴ）」シリーズが大ヒットします。その斬新な発想で大きな注目を集め、商品は全国、さらに海外に展開、売り上げも10倍に。近年は照明器具や建築金物、医療器具などさまざまな分野の商品開発にも取り組んでいます。

「**高田製作所**」も仏具を作る鋳物メーカーとしてスタートしましたが、ライフスタイルの変化に対応し、デザイン性の高いインテリア商品を作ってきました。日本初のアルミ鋳物製タイルを開発したほか、熱伝導率が高いアルミを利用し、体温でアイスクリームを溶かすアイス専用スプーンを開発、滑らかにすくえる使い心地とおしゃれなデザイン性で大ヒットシリーズになりました。国内だけでなく、「ハーゲンダッツ」のドイツの店舗でも販売されるようになったほどです。兄弟会社の「**タカタレムノス**」は、鋳物の時計枠の制作から自社製の時計の開発に進み、今や世界に展開するデザインクロックのブランドとして知られています。

「**老子《おいご》製作所**」は江戸時代中期から13代続く鋳物メーカーで、梵鐘制作では日本一。西本願寺や成田山新勝寺などこれまで2万を超える梵鐘を納めてきました。毎年8月6日原爆の日に広島平和記念式典で平和の祈りを込めて鳴らされる「平和の鐘」も老子製作所の制作です。

さまざまな展開を見せる高岡の鋳物メーカーですが、若手後継者育成がうまくいっていることが活力をもたらしているようです。銅器発祥の地、金屋町には工房とギャラリーを兼ね備えた施設「**金屋町金属工芸工房かんか**」があります。映画『8月のクリスマス』で主人公の写真館になっていた建物です。若手作家たちの創作、発表の場であり、伝統技術の学習の場にもなっています。

高岡伝統産業青年会は、職人たちに会い、その技術を見ることができるツアー「**高岡クラ**

フツーリズモ」を開催しています。北陸新幹線が開業、新高岡駅ができたことで、たくさんの人に来てもらい、伝統工芸の魅力を直接体験してもらうことが狙いです。

能作は「産業観光」のコンセプトを打ち出し、2017年4月に体験工房やカフェなどを備えた新社屋をオープンさせました。鋳造の作業工程を解説付きで見て現場の熱気を感じられます。また高岡銅器の伝統技法で錫製品の制作を体験できるほか、カフェでは地元食材の料理を同社の錫の食器で楽しむことができます。オープン3カ月で来場者は3万人を超えました。ものづくりの魅力を高岡から全国に発信しています。

▼井波彫刻

南砺市にある旧井波町は、1390年建立の真宗大谷派瑞泉寺の門前町で、木彫刻の町です。『鬼平犯科帳』や『剣客商売』の時代小説で知られる故・池波正太郎さんが、父方の先祖が井波の宮大工だったという縁で、毎年のように訪れていました。瑞泉寺近くには「池波正太郎ふれあい館」があります。

江戸時代中期に火災で焼失した瑞泉寺本堂の再建のため、京都の本願寺から御用彫刻師が派遣され、地元大工4人がその技法を熱心に学んだことが井波彫刻の始まりだそうです。技法は受け継がれ、全国の寺社仏閣の彫刻を手掛けるようになり、独自の発展を遂げます。現在も、井波町を中心に180軒の工房と約300人の彫刻師が住む、**国内唯一最大の彫刻集団**を形成しています。

明治時代以降、主力商品は室内装飾である欄間に移ります。花鳥風月などのデザインをクスやケヤキの材料に、200本以上のノミや彫刻刀を使い分けて彫りだしていきます。制作期間は3カ月以上。その精巧さは驚異的です。

1947年（昭和22年）に設立された「**井波木彫刻工芸高等職業訓練校**」は日本唯一の木彫刻の職業訓練校で、徒弟制度のように親方について指導を受けながら伝統技法を学んでいきます。ここから多くの後継者が育ってきました。若い職人による井波彫刻のギターなど新たな作品群も生まれています。91年からは「**いなみ国際木彫刻キャンプ**」が4年に1度、瑞泉寺境内などで開かれています。世界各国の彫刻家が数多く参加、野外で原木を作品に仕上げる公開制作を行ないます。木彫りのネットワークを世界中に広げています。

富山県のものづくりの伝統は脈々とつながっています。その精神は先端産業にも引き継がれています。

8　ユニークな町おこし

全国で知恵を絞りさまざまな町おこしが行なわれていますが、富山県でもユニークな町おこしがありました。成功例もあれば摩訶不思議な例も。その一端を紹介します。

▼全日本チンドンコンクール（富山市）

毎年4月上旬に、富山市で開催されています。第1回が1955年（昭和30年）ですから既に長い歴史を持ち、すっかり春の風物詩として人気が定着しました。桜の名所百選にもなっている松川沿いの約460本のソメイヨシノが満開になるころ開かれる「桜まつり」のイベントで、当時、地元桜木町の若い店主や市職員たちのアイデアによって始まりました。

全国から集まったチンドン屋さんたちが腕を競い合います。予選から本選トーナメントへ勝ち抜いたチームは、与えられたお題を宣伝するため、巧みな楽器の演奏に、軽妙な口上、さらに寸劇を演じたり、替え歌を歌ったりと、あの手この手を駆使して観客を楽しませます。また参加チームが色とりどりの衣装で、鐘や太鼓、管楽器を鳴らしながら賑やかに中心街をパレードして、大会を盛り上げてくれます。前夜祭では夜桜の下をチンドン屋さんたちが流す光景も見られ、とても幻想的です。

近年、参加チームは30組前後。プロのチンドン屋さんは年々減少していますが、最近は素人によるチンドンコンクールも併せて開催され、そこからプロになるケースもあるそうです。同コンクールは2005年、**サントリー地域文化賞**を受賞しました。サントリー文化財団のホームページにはこう紹介されています。

「日本一の座を目指すこのコンクールのお陰で、富山は今や、全国のチンドンマンにとって第二の故郷であり、伝統的な芸を継承し、チンドンの発展を支える聖地ともなっている」

なんだかうれしくなる記述だったので、引用させてもらいました。

▼高岡コロッケ（高岡市）

富山県民の1世帯当たりの**コロッケ購入額が全国トップレベル**だというのは昔から知られていました。海の幸の県でなぜ？と思われるでしょうが、どうも夫婦共働きの家庭が多いことと関係しているようです。夕飯の支度に時間をかけず、ぱっと出せる安価な一品として総菜のコロッケが選ばれるということです。

もちろん高岡市民もコロッケ大好き。そこに目を付けた高岡市の若い職員が、２００４年、市内のコロッケ店を実際に食べ歩いてホームページで紹介したところあちこちから反響を呼びました。これをきっかけに「高岡コロッケを名物に町おこしを」と商工会や民間企業が参加してイベントが開かれるようになりました。ホテルニューオータニ高岡が新作コロッケを考案したのを手始めに、オリジナルコロッケも次々に作られました。長さ14センチと特大サイズの「高岡大仏コロッケ」、地元特産品をぜいたくに使った「白えびコロッケ」や「氷見牛コロッケ」、イカ墨を練り込んだ「ブラックコロッケ」やほうれん草の「グリーンコロッケ」などのカラーコロッケシリーズも誕生しました。

13年に茨城県龍ケ崎市で「第1回全国コロッケフェスティバル」が開かれ、参加した10県20団体のご当地コロッケの中から、ブラックコロッケなどを提供した高岡コロッケが人気投票で1位を獲得、**初代グランプリ**に輝きました。

同じコロッケで町おこしを標榜する龍ケ崎市と静岡県三島市の3市で「三コロ会」をつくり交流しています。同フェスティバルは持ち回りで開かれ、15年に第3回大会が高岡市で開かれました。

庶民的なコロッケによる町おこしは、町人や職人の町だった高岡らしい活動です。

▼宇奈月の月（黒部市）

２０１６年、県内最大の温泉街である黒部市の宇奈月温泉で、第1回「全国名月サミット」が行なわれ、「宇奈月の月」が「日本百名月」の第1号に認定されました。「日本百名月」というのは、夜景情報を発信している一般社団法人「夜景観光コンベンション・ビューロー」が、月の観光資源化を目的に発案し、全国約４７００人の夜景鑑定士の推薦などを基に選定しています。現在21カ所、数年かけて１００カ所まで増やすそうです。

宇奈月温泉は黒部川の上流にある黒部峡谷の入り口に位置します。黒部峡谷を走る黒部峡谷鉄道、通称トロッコ電車の起点でもあります。区間は宇奈月から欅平までの約20キロ。Ｖ字の深い峡谷を縫うように、橋やトンネルを抜けゆっくり走っていきます。かつて秘境と言われた大自然のパノラマは素晴らしく、観光客に大人気です。特に晩秋の紅葉シーズンは絶景が望めます。

このトロッコ電車はもともと、ダム建設のための資材や作業員を運搬するために建設された鉄道です。１９７１年（昭和46年）、関西電力の子会社として黒部峡谷鉄道が発足、旅客車として運営するようになりました。

一般の人は行けませんが、欅平の先も鉄道は続いており、ほぼトンネル内ばかりを通って最終的に黒部ダムにある黒部川第4発電所まで通じています。関西電力関係者が発電所の点検、整備のために使っています。

この区間のトンネル工事は難航を極めました。戦前の36年（昭和11年）に仙人谷ダムと黒部川第3発電所建設が着工され、トンネル工事に多くの作業員が動員されましたが、岩盤自体が最高約165℃という高熱を発している地層であったため、熱中症やダイナマイトの自然発火による爆発事故などで多くの犠牲者が出ました。その過酷さは作家吉村昭さんのノンフィクション小説『高熱隧道』に生々しく描かれています。

黒部渓谷の歴史は電源開発の歴史です。黒部峡谷沿いには昔から知られる隠し湯的な露天温泉がいくつもあります。黒薙温泉、鐘釣温泉、欅平温泉、名剣温泉、祖母谷《ばばだに》温泉などトロッコ電車でしか行くことができません。宇奈月温泉は大正時代に、黒薙温泉から源泉を引いて始まり、電源開発とともに発展してきました。

宇奈月温泉は黒部峡谷への観光客や登山客の拠点ですが、トロッコ電車の営業期間は4月下旬から11月まで。冬季は大雪に埋もれ損壊する危険があるため、線路もトンネル内に収容されるそうです。観光客が少なくなる冬季も宿泊客を確保しようと宇奈月温泉で始まったの

全日本チンドンコンクール

宇奈月温泉

❖第３章　逆襲は始まっている…………180

が名月をテーマにした「宇奈月温泉100名月物語」という夜間イベントです。高さ10メートルの巨大行灯をはじめ、月にちなんだ100個の演出を用意してお客さんを迎えています。

私自身見たことはありませんが、漆黒の黒部峡谷に昇る満月はさぞや美しいでしょう。ただし冬場は曇り空が多いことをお忘れなく。いつも見られないからこそありがたいとも言えますが。

▼メルヘン建築（小矢部市）

県西部、石川県との県境にある小矢部市には、世界の有名建築を真似た公立の学校や保育園、公民館などが立っています。その数は35棟。総称してメルヘン建築と呼ばれています。

1976年（昭和51年）に小矢部市長に就任した当時の松本正雄市長が、「文化的価値を持ち、地域の人々に親しまれ、愛される建物を作りたい」と不思議なデザインの公共施設を次々に建設していきました。代表的な例として、大谷中学校は東大安田講堂とオックスフォード大の学生寮、フィレンツェの大聖堂などのコピーの組み合わせです。蟹谷中学校はオックスフォード大にベルサイユ宮殿、赤坂の迎賓館の組み合わせ。荒川公民館はバッキンガム宮殿にノートルダム寺院。サイクリングターミナルはルネサンス様式の東京駅のコピーです。

このほかスイスの山小屋風、ヨーロッパ中世ゴシック風など、時代や地域もバラバラのさまざまな様式の建築が存在しています。

松本元市長は小矢部市生まれ。東京帝大工学部卒。建設省の官僚で北陸地方建設局長から小矢部市長選に出馬し当選しました。言わば建設土木のプロですが、なぜこんなコピー建築を推進したのか、結局のところよく分かりません。当時は田園地帯にそぐわない、税金の無駄遣いと批判されました。私も雑誌などに建物の写真付きで揶揄されている記事を読んで、恥ずかしいと思った覚えがあります。松本市長は在任中の86年（昭和61年）に死去しました。メルヘン建築は92年を最後に終了します。

確かに当時メルヘン建築は話題になり小矢部市の知名度は上がりましたが、何の意味があるのか分かりませんでした。しかし時間が経過し、量が質を凌駕したのか、あるいは時代が追いついたのか、このメルヘン建築群が今や小矢部市の観光資源となっているのには驚きました。

小矢部市のキャッチフレーズは「見て来て体験メルヘンおやべ」。メルヘン推しです。市のマスコットキャラクターは「メルギューくん」。市内にある倶利伽羅峠で源平合戦の折、源氏の木曽義仲の軍が牛の角に松明をくくり付けて放ったという火牛の故事とメルヘンを掛け合わせた命名です。ちょっと強引です。メルヘン建築を見にくる観光客がどれだけいるのか不明ですが、お土産から食事まで、いたるところメルヘンの文字があふれています。

かつて建築学者が「公共施設のディズニーランダゼイション」という問題を指摘しましたが、松本元市長は小矢部市全体のディズニーランド化まで考えていたのでしょうか。94年には高さ118メートルの展望タワーとホール、公園を有する複合施設「クロスランドおやべ」ができました。2015年には本州日本海側初のアウトレットモール「三井アウトレットパーク北陸小矢部」がオープンしました。高さ50メートルの大観覧車も備えています。

散居村の田園風景で知られる砺波平野の一角に位置する小矢部市は、ますますディズニーランド化が進んでいるように見えます。不思議な市です。

▼八百羅漢（富山市）

個人による町おこし。ガイドブックにも載っておらず、奇異な風景として知る人ぞ知る場所です。

富山駅から南へ車で約40分、人里離れた神通川の上流、ダム湖に面した山肌に無数の石仏が整然と並んでいる場所があります。「おおざわの石仏の森」と「ふれあい石像の里」。いず

八百羅漢のパンフ

れも無料で見ることができます。石仏の森には500体の羅漢像と70体の如来や菩薩。1体として同じものはなく、どれも精巧な作り。巨大で表情がリアルなのでちょっと怖い気もします。少し離れた場所にある石像の里にも300体の羅漢像。そして違和感があるのは、明らかに普通の人たちとみられる等身大の石像です。笑ったり腕を組んだりしている姿が、干支の動物などと合わせて400体以上も並んでいる光景は、異世界です。

羅漢像は合わせて800体になります。別名、八百羅漢と呼ばれるゆえんです。この石像群を作らせたのは、富山市の医療福祉グループの創業者の故・古河睦雄さんです。人々の癒しと地元の観光名所になればと、巨額の私財を投じ、中国の著名な彫刻作家に800の羅漢像の制作を依頼、1994年に石仏の森、95年に石像の里を開きました。人物の石像は、古河さんが世話になったり、親交があったりした人たちに感謝を表すために、一人一人の写真を中国の作家に送り作ってもらったものだそうです。

古河さんは2013年に亡くなり、両施設は医療福祉グループが運営していますが、残念ながら観光名所には程遠い状況です。なんとか活かす方法はないものか。羅漢像に苔がむし、味わいが出るようになるまで、長い時間が必要かもしれません。

▼尖山(立山町)

誰も町おこしに利用しようと思っていないけれど、勝手にマニアの間で注目を浴びているのが立山町にあるこの尖山《とがりやま》です。標高559メートルの低い山ですが、その見事な円錐形から人が造った古代ピラミッドではないかと言われ、富山のミステリースポット、パワースポットになっています。

同じピラミッド説がある秋田県の黒又山には頂上に祭祀跡がありますが、尖山もかつて祭壇があったといいます。また頂上付近では磁石の方位が狂うと言われ、UFOの目撃情報まであるそうです。

研究者によれば、尖山の地質は海底火山の噴火でできたもので、人工物ではありません。

磁石が狂うのも、鉄分を含む岩に何度も雷が落ち、磁力を持ったためと推測しています。

頂上は立山連峰を間近に見られる絶景ポイントです。古くから人々が立山を拝むために登った山なのでしょう。ハイキングに手ごろな高さでもあり、ミステリースポット、パワースポット好きも含めて年間約６０００人が登るという人気です。信じるか信じないかは、あなた次第ということです。

9　芸能・アートで世界と結ぶ

富山には芸能や芸術を通して世界と交流する人たちがいます。国境を越えるのに東京を経由する必要などありません。富山の魅力を世界に発信しています。

▼演劇

富山と演劇の結びつきは、あまり知られていません。しかし、2つの重要な劇団が世界と富山を結び付けています。

一つはアマチュア演劇の雄、**劇団文芸座**です。戦後間もない1948年（昭和23年）に富山市で結成されました。団員はほとんどが別の職業を持つ社会人です。定期公演のほか、県民劇場や山村への巡回公演などを重ね、実力をたくわえていきました。私も子どものころ、劇団文芸座の『三年寝太郎』を見ました。多くの県民が一度は見たことがあるのではないでしょうか。授業中、居眠りしていると、「おまえは三年寝太郎か」とよくしかられたものです。

同劇団は77年にアイルランドで開かれたダンドーク国際アマチュア演劇コンクールに初参

加、得意とする民話劇の『夕鶴』と『三年寝太郎』を上演し、英語圏外では初となる最高賞を受賞しました。これをきっかけに海外公演も増え、各国の劇団との交流も盛んになります。83年には同劇団が中心となって、富山県でアジア初の「**国際アマチュア演劇祭**」を開催。以降、「**国際青年演劇祭**」「**世界こども演劇祭**」「**国際アマチュア演劇サミット**」などを企画、開催し、富山をアマチュア演劇界の拠点に押し上げました。これらは劇団代表を長く務める**小泉博**さんの功績によるところが大です。

劇団文芸座の海外公演先は計18カ国になります。５大陸を制覇したことから、残る南極大陸での公演を企画し、２０１６年12月に南極のユニオングレーシャー基地で、チェーホフの『結婚の申し込み』の上演を成功させました。このとき小泉さんは83歳。６大陸制覇はもちろんアマチュア劇団初です。

もう一つの重要な劇団はプロ。世界文化遺産の合掌造りで知られる富山県利賀村（現南砺市）に拠点を置く**ＳＣＯＴ**（スズキカンパニーオブトガ）です。「早稲田小劇場」で日本の演劇運動に革新をもたらした演出家**鈴木忠志**さんが、１９７６年（昭和51年）に過疎の利賀村に移り、新たな活動を始めます。「歴史性や時間性を感じさせる日本の伝統的建物を劇場に」と合掌造りの古民家を舞台としました。５年間会員制での公演を続けて成功を収め、活動継続を希望する県と利賀村が、建築家磯崎新さん設計の合掌劇場「**利賀山房**」や野外劇場などを建設、演劇の拠点としての環境を整えました。

82年に初の世界演劇祭「**利賀フェスティバル**」が開かれ、6カ国12団体が公演、約1万3000人が過疎の村に集まりました。毎年開かれた利賀フェスティバルを通じて、SCOTと利賀村は国際的な注目を集めます。以後、SCOTをはじめ内外の劇団の公演を中心に、国際交流プログラムや演劇人コンクール、鈴木さんの演劇メソッドのトレーニングプログラム、学生対象のワークショップなどさまざまな活動を行なってきました。SCOTの劇団員は多国籍、公演される舞台も多言語です。利賀村は演劇人の国際共同作業の場であり、教育・育成の場となっています。

現在、施設は富山県立の利賀芸術公園となり、7つの劇場とけいこ場、200人以上が宿泊できる宿舎を備えた舞台芸術の一大拠点となっています。

▼音楽

音楽を通じて世界とつながったイベントが南砺市（旧福野町）で毎年8月に開かれる「**スキヤキ・ミーツ・ザ・ワールド**」です。1991年、福野町の若者たちが町おこしを目的に結成した「スキヤキ・ネットワーク」。世界で一番有名な日本の歌、坂本九さんの「上を向いて歩こう」の海外タイトル「SUKIYAKI」から命名したそうです。彼らが企画したのがワールドミュージックのイベント。欧米以外のアフリカや中南米などのミュージシャンを呼んで行なうコンサートでした。第1回はアフリカ・ブルンジのパーカッショングループでしたが、まだ手探り状態でした。翌年、第2回で中米トリニダード・トバゴのレネゲイズ・スティールドラム・オーケストラを招へいしたころから変わり始めます。ミュージシャンに長期滞在してもらい、楽器演奏や踊り、料理などを教わるワークショップなどを開催、異文化交流することで化学変化が起きました。みんなで音楽を楽しむ市民参加型の音楽祭に成長していきます。

スティールドラム（スティールパン）はドラム缶から作る音階のある打楽器です。レネゲイズの指導で刺激された市民らによって「スキヤキ・スティール・オーケストラ」が結成され、97年にはトリニダード・トバゴへ遠征に行くまでになりました。小学校にはスティールドラムのクラブができ、ほかにもアフリカの親指ピアノなど民族楽器の市民オーケストラが複数生まれました。

皆が魅せられた第1の要因は、招へいしたミュージシャンたちが商業主義的でなく、かつ実力ある本物のミュージシャンたちだったことです。例えば、ライ・クーダーがプロデュースしたアルバムと、ヴィム・ベンダースのドキュメンタリー映画が世界中で大ヒットしたキューバのブエナ・ビスタ・ソシアル・クラブも2000年、スキヤキに来ています。招へい元の目利きが確かだったからと言えます。

イベントは市民のボランティアによる実行委員会が運営するようになり、独自のネットワークも確立できたため、直接ミュージシャンと参加を交渉するスタイルに変わりました。初期より参加ミュージシャンの数も増え、滞在期間も長く、本イベント前のワークショップや巡回コンサートも増えています。また参加ミュージシャン同士の交流をきっかけに、斬新な組み合わせのコラボが生まれ、作品が発表されることもあります。

またスキヤキは各地にも飛び火、参加ミュージシャンのライブを行なうスキヤキの兄弟企画が東京、名古屋、高知、沖縄に広がり、ネットワークをつくるようになりました。同実行委員会に2008年、国際交流基金地球市民賞が贈られています。

▼**アート**

JR富山駅の北側に、県の**富岩運河環水公園**があります。東岩瀬港と富山市街地を結ぶ富

富岩運河環水公園

富山県水墨美術館

岩運河の船着き場周辺の約10ヘクタールを約20年かけ整備、２０１１年に完成しました。水のカーテンのある泉と滝の広場や野外劇場、展望塔を備えた天門橋、バードウォッチングができる人工島などがあり、水辺と芝生が広がる開放感ある公園です。夜には美しくライトアップされ人気を集めています。03年には都市公園コンクールの大規模設計部門で最高賞の国土交通大臣賞を受賞しています。

公園内にはフレンチの鉄人坂井宏行さん監修のレストランや日本で初めて公園内に店舗を構えるスターバックスコーヒーがあります。このスターバックスは三面ガラス張りの構造とテラス席を備え、水辺と園内を眺められるようになっています。08年に同社のストアデザイン賞で最優秀賞を受賞したことで、「世界一美しいスターバックス」と称されています。

この公園内に17年8月、**「富山県美術館　アート&デザイン」**が全面開館しました。ガラスやアルミを多用した外装、船の船首のような形の3階建てで、運河沿いの小高い丘の上に位置します。もともと富山市中心街の南部にあった「富山県立近代美術館」が老朽化したことなどから移設が計画され、名称やコンセプトも新たに生まれ変わりました。

20世紀以降の近・現代美術が専門で、収蔵品は約1万６０００点。ロートレック、ピカソ、ミロ、ポロック、棟方志功などの作品を所蔵していますが、他の美術館との最大の違いはポスターや椅子などデザイン作品の膨大なコレクションです。アートと区別して扱われていたポスターなどのデザイン作品を優れたアート作品として評価、収集してきました。ものづくりの県らしいコンセプトです。実際、富山県はデザイン印刷の先進県でもあります。

１９８５年（昭和60年）から3年に1度開催している「**世界ポスタートリエンナーレトヤマ**」は、世界からポスターデザインを公募する日本唯一のコンペティションです。３万点を超える作品が集まり、世界５大ポスター展の一つに数えられています。ポスターを通じて世界とつながっている美術館と言えるでしょう。第12回は２０１８年に開かれる予定です。

新美術館のコンセプトも、まずデザインの視点を積極的に取り入れ、「アートとデザインをつなぐ」ことにあります。そして、いろんな人が集まり楽しめること。参加し体験することを重視し、ワークショップで学んだり、オープンラボで実際に造形を作ってみたりすることもできます。

屋上の庭園にはグラフィックデザイナー佐藤卓さんがデザインした7つの遊具があり、子どもたちが自由に遊べるようになっています。それぞれ「ふわふわ」「ぽこぽこ」「うとうと」などの名前が付けられ「オノマトペの屋上」と呼びます。子どもたちがアートを体で感じられるようにと作られました。

富山県美術館ができたことで、富山市の中心エリアに特徴ある美術館が集まり、アートの逍遥が楽しめるようになりました。アートもコンパクトシティ化です。水墨画を中心にコレクションした和風建築の「**富山県水墨美術館**」、富山ゆかりの文学を紹介する「**高志の国文学館**」、「ガラスの街」を標榜する富山市が収集した国内外の現代ガラス美術を展示する「**富山市ガラス美術館**」など、個性的な館がそろっています。富山地方鉄道の周遊ぐるっとバスで回ることもできます。

ちなみに高志の国文学館には、東京・銀座本店は予約が取れない店として知られるイタリアンの落合務シェフの店「ラ・ベットラ・ダ・オチアイ・トヤマ」が、富山県美術館には東京・日本橋の老舗洋食店の「日本橋たいめいけん富山店」がそれぞれ入っています。県が熱心に誘致したそうですが、どうも県の方は東京ブランド志向が強いようです。

10　富山型デイサービス

富山から発信された福祉のかたちが今、全国に広がっています。赤ちゃんからお年寄りまで障がいがあるなしにかかわらず、身近な場所で一緒に過ごす――。地域の中でお互いが支え合う「**富山型デイサービス**」と呼ばれるこの共生型ケアが、多くの人々の共感と連携を生んでいます。

始まりは富山市の小さな施設でした。1993年、富山赤十字病院で看護師をしていた**惣万佳代子**さんら3人が作った県内初の民間デイサービス事業所「**このゆびとーまれ**」です。民家を利用した介護施設で、障がい者やお年寄りたちが通ってきて、入浴や食事などの介護サービスを受けます。お年寄りが赤ちゃんを見守ったり、障がいを持った子もそうでない子も一緒に遊んだりと家族のような環境で過ごします。小規模なのできめ細かい介護ができ、お年寄りが赤ちゃんや子どもたちと触れ合うことで生き生きとしてくるという効果も見えました。

この試みは当初から注目を集めましたが、当時は縦割り行政のため介護の対象を絞らなければ、県の補助金が交付されない状況でした。赤字が続きましたが、惣万さんたちは「年齢や障がいの有無にかかわらず誰でも受け入れる」という設立の理念を曲げることなく活動を続け、全国からは寄付金が集まるなど応援の声が広がりました。世論の後押しもあり、98年に県は縦割りにとらわれない柔軟な補助金交付制度を全国で初めて実施します。この行政の支援体制を含めて「このゆびとーまれ」の方式は「富山型デイサービス」と呼ばれ、同じ志の施設が次々と生まれていきました。

「このゆびとーまれ」は99年にNPO法人格を取得。2000年から介護保険制度が始まりますが、03年に富山県と富山市などは「富山型デイサービス推進特区」の認定を国から受け、介護保険指定のデイサービス事業所を知的障がい者と障がい児も利用できるようにしました。この特区における特例措置は富山での成功によって、06年から特区の認定がなくても全国で実施できるように規制緩和され、富山型デイサービスは全国に展開することになります。

現在、富山県は施設の新築や改修などの費用を助成するほか、富山型デイサービス職員への研修会や新たに起業を目指す人の育成講座などを開いています。県内事業者数は100カ所を超えており、21年度に全小学校区を網羅した計200カ所に増やすことを目標にしています。また北海道や熊本県などが富山型デイサービスを推進しており、事業者数は全国で計千数百カ所に上るとみられています。

「このゆびとーまれ」はデイサービスだけでなくショートステイの施設を増やしたり、障がい者の就労支援事業に乗り出したりと、地域の拠点としてさまざまな福祉活動を展開しています。「誰も排除しない」という理想を常に掲げ、実践してきました。

惣万佳代子さんは、15年に赤十字国際委員会が2年に1度、世界各国で顕著な功績があった看護師らに贈る「フローレンス・ナイチンゲール記章」を受章しました。敵味方の分け隔てなく看護に当たったナイチンゲールの精神を思えば、本当にふさわしい受章です。富山の女性の芯の強さと行動力に心から敬意を表したいと思います。

❖第３章　逆襲は始まっている…………198

おしまいに

▼負の歴史

ずっとお国自慢ばかりかと思われる方もいるかもしれませんが、もちろん富山県にも負の歴史があります。高度成長期に発生した4大公害病の一つ、**イタイイタイ病**がそれです。神通川上流の岐阜県飛騨市の三井金属神岡鉱山からの排水に含まれたカドミウムが原因でした。神通川下流域で腎臓障害や骨が軟化し折れやすくなる患者が多く発生しました。裁判などを経て、被害者団体と三井金属との間で全面解決の合意ができたのは2013年のことです。国の公害病の公式認定から45年もたっていました。この公害病から得た教訓は風化させず、次代に引き継がれなければなりません。県民の環境を守る意識は高いはずです。

ちなみに廃坑になった神尾鉱山の採掘跡には、ニュートリノ検出装置スーパーカミオカンデが建設され、後にノーベル賞につながる研究成果を出すのですから皮肉なものです。

また第1章で「富山県民はお上に弱いところがある」と書きました。16年、富山市議会の議長が白紙領収書を使った架空請求で、政務活動費を不正受給していたことが発覚、辞職しました。同様に不正受給していた市議が次々と明らかになり、辞職者は計14人となり、不正総額は4000万円を超えました。事件は連日ニュースとなり、新聞やテレビで全国に伝えられました。

不正の発覚は地元紙・北日本新聞の取材などによるもので、権力の監視というメディアの役割を立派に果たしました。ただ、こういう不正を許してしまったのは、市民の中に権力に対する厳しさが足りなかったからではと思うのです。

古くは01年に富山県警が組織ぐるみで覚せい剤事件をもみ消し、元本部長ら幹部が起訴され有罪判決を受けるという事件がありました。これも権力を持つ組織のおごりが背景にありました。情報公開し風通しを良くするという意識も極めて稀薄でした。

穏やかな県民性は長所ですが、反権力とは言わないまでも、役人や政治家の言いなりにはならない反骨心はもっと持ってもらいたいと思うのです。

▼PR上手に

富山在住の女性タレント、**ぶらっくすわん**さん。2013年、現役女子高生のときにニコ

❖おしまいに…………200

ニコ動画に「踊ってみた」動画を投稿し始め、美少女のビジュアルとバトントワリングで鍛えたキレキレのダンスで注目され、ネットのアイドルになりました。北陸新幹線開通の際、富山県をPRする「富山de踊ってみた」プロジェクトを企画、県内各地の観光地でダンスする動画をユーチューブに投稿、全国的に大きな話題を集めました。

高岡の瑞龍寺や富山の富岩運河環水公園、黒部の宇奈月温泉など県内各地を訪れ、ボーカロイドの曲に合わせ、さまざまなコスプレで、ときに激しく、ときにしなやかに踊ります。よく知っている風景が、ポップで楽しそうに見えてきます。インスタグラム映えするようで、PR効果は抜群です。

ぶらっくすわんさんは現在、動画投稿だけでなく県内のCM、イベントやライブなどでも活躍しています。SNS（ソーシャル・ネットワーキング・サービス）が大きな武器になることを証明しました。

16年6月に東京・日本橋にオープンした「日本橋とやま館」は、有楽町にある「いきいき富山館」に続く2店目のアンテナショップで、首都圏情報発信拠点と位置付けられています。

立山スギや城端のしけ絹など富山産の材料を使ったシックな内装、百貨店のようなディスプレーで工芸品などを陳列し、空間ごと富山を演出しています。奥のバーカウンターでは17

種類の地酒をそろえ、かまぼこやホタルイカの沖漬けなどを、さらに隣接する和食レストランでは、富山の旬の食材を使った料理が楽しめます。

日本橋は銀座、有楽町と並んで各県のアンテナショップが集まっている場所ですが、とやま館はひときわ異彩を放ち、活況を呈しています。いかに見せるかが大きくものをいうことを示しています。

さんざん富山県人のＰＲ下手を書いてきましたが、昔の話になりつつあるのかもしれません。二の矢、三の矢と続くよう期待しています。

▼鏡に映った日本

最近、富山市から東京に本社を1本化した某大手機械メーカーの会長が会見で「富山で生まれた人は極力採用しない」「富山出身者は閉鎖された考え方が非常に強い」との趣旨の発言をし、各方面から非難を浴びた挙句、ホームページ上で謝罪するという出来事がありました。

会社としてグローバルな展開を目指す中で、国際的な視野を持った人材が必要ということを言いたかったのかもしれませんが、これは明らかに偏見に基づく失言でした。謝るしかないでしょう。

出身地で採用の可否を決めるのは差別ですから論外です。取り上げたいのは、富山県人が閉鎖的だというくだりです。東京出身の会長の経験則からということらしいですが、もしかしたら昔、富山出身の上司にいじめられた恨みでもあったのかもしれないですね。

この本でもさんざん富山県人をひとくくりに語っておいて恐縮ですが、個々の特性を無視した言い方は企業のトップがしてはいけないでしょう。また最初から国際的視野を持った新卒などどれだけいるものなのか。いかに育てるかという発想が欠落しているのも問題です。

私は、富山県人は保守的であっても、閉鎖的だとは思いません。全国津々浦々を訪ね、販路を広げていった売薬さんの歴史があります。世界で活躍する人も数多く輩出しています。ただ考えてみると閉鎖的とは、島国の日本人がさんざん外国から言われたり、自分たち自身で分析してきたりした特性ではないでしょうか。発言は「富山出身者は日本人だ」と言っているのと同じだなと思うと、腹も立ちません。

エッセイスト酒井順子さんが著書『裏が、幸せ。』の中で、「北陸三県及び日本海側の県というのは、何となく北欧っぽい資質を持っているような気がしてきます」と書いています。確かに高福祉で子育てしやすいイメージは北欧かもしれませんし、目指すべき方向かもしれません。しかし私が思う富山県は北欧ではなく日本そのものです。

夏は蒸し暑く、冬は雪に閉ざされる、くっきりとした四季があります。山に囲まれ、海に面し、平野がある。山村、漁村、農村がすべてあります。たわわに実った稲穂が広がる景色はまさに瑞穂の国と称する日本そのものです。

真面目にこつこつ働き、協調性が高い。ものづくりが得意で自己主張が苦手。こうした県民の特性は、すべて日本人が自分たちを語る自画像と重なるのです。**日本人がイメージする日本、鏡に映った日本が富山にある**というのが私の意見です。それは理想郷であるとか平均的な日本とかいうのとは違います。あくまで等身大だけど、こうであってほしい、こう映ってほしいという身近で小さな願望が足された日本像が、富山に重なるということなのです。つまるところ、その小さな願望の集まりが、人々の求める幸せの正体なのかもしれません。

「はじめに」で富山が日本の中心、へそであるとうそぶきましたが、あながち間違いでもないかなと思っています。富山が輝けば日本も輝く。日本を味わいたければ、ぜひ富山へ。外国人観光客にも、全国の人にもそう伝えたいです。

▼多様性を

かつて都会と地方の違いの一つに情報量の差がありました。知りたいもの見たいものは都会に集まり、遅れて地方にやってくるという図式です。個人的な体験ですが、小学生のころ都会に遊びに行ってテレビで仮面ライダーを見たとき、ライダー2号が出ていることに衝撃を受けました。というのも富山では系列の放送局がなく、他局が半年遅れで放送していたからです。本郷猛のライダーじゃない、誰これ？という驚きとともに、都会と地方の情報の格差を子どもながらに感じたのでした。

時代は大きく変わり、今やネットによって得られる情報量はどこにいてもほぼ変わりません。また欲しいものは何でもネットで注文できるようになりました。それでも明らかに居住性の悪い東京に人が集まるのはなぜなのでしょう。東京に住んでいて思うのは、「選べる」ということが大きいのではないかということです。もちろんマーケットが巨大だから、お金があるからこそ可能なのですが、何かをしようとしたときに、選択肢がいくつもあり、その中から自分で選べるという喜びがあります。仕事、衣食住、遊びと、さまざまな分野で選択肢がある。その選択肢を生む源にあるのは多様な価値観であったり、多様な個性を持つ人たちであったりします。

富山が東京になる必要はありません。しかし多様性を持つことは必ずプラスになります。それにはいろんな価値観を持った面白い人材がたくさん出てくることが必要ですし、すでにそういう人材は生まれてきていると思います。若い人たちには失敗を恐れることなく、柔軟な発想でチャレンジしていってもらいたいのです。

ここまで紹介しただけでも、富山には魅力がいっぱい詰まっていることは分かっていただけたかと思います。地元からはあれが出ていない、これが出ていないとご不満もあるかもしれませんがお許しください。掘れば掘るほど面白いものが出てきてきりがありません。

概して富山の魅力は、派手に目を引くものより、じわっと分かるもの、しみてくるものが多いのです。当たり前にある自然や水や食べ物、街やものづくり。住んでみて、あるいは離れてみて分かるものばかりです。

遠く離れて数十年。それでも忘れがたいものが詰まっているのがふるさとです。国内外、いろいろなところに旅し住んできましたが、私の中では安住橋の上から見た夕日に染まる松川の桜は、今でも日本で一番美しい桜ですし、ワインのオーパスワンより富山の地酒がうまいと感じます。育ててくれたふるさとには感謝の気持ちしかありません。魅力を多くの人に知ってもらいたい。地元の人たちには再認識してもらいたい。そのために、これからも富山の魅力を語っていきたいと思います。

夕暮れの松川

鷲塚飛男（わしづか・とびお）
1960年富山市生まれ、東京都在住。映画、音楽、食などのジャンルで執筆するライター。趣味は競馬と街歩き。好きな馬はハーツクライ。銀座、秋葉原、御徒町辺りを徘徊中。

装丁………山田英春
DTP制作………勝澤節子
編集協力………田中はるか
写真………公益社団法人とやま観光推進機構＋著者

富山の逆襲
すごいぞ！富山を大きな声で

発行日❖2017年12月20日　初版第1刷
　　　　2018年 1月31日　　　第2刷

著者
鷲塚飛男
発行者
杉山尚次
発行所
株式会社言視舎
東京都千代田区富士見 2-2-2 〒102-0071
電話 03-3234-5997　FAX 03-3234-5957
http://www.s-pn.jp/
印刷・製本
モリモト印刷㈱

ISBN978-4-86565-111-9 C0336